DEBUT D'UNE SERIE DE DOCUMENTS
EN COULEUR

UNIVERSITÉ

DE

STRASBOURG

ORIGINES — HISTORIQUE

RÉORGANISATION ET PROJETS D'AGRANDISSEMENT

PAR

M. TH. LINDENLAUB

PROFESSEUR DE L'UNIVERSITÉ DE FRANCE

EXTRAIT DES PUBLICATIONS

DE LA

SOCIÉTÉ POUR L'ÉTUDE DES QUESTIONS D'ENSEIGNEMENT SUPÉRIEUR

PARIS

LIBRAIRIE HACHETTE & Cⁱᵉ

79, BOULEVARD SAINT-GERMAIN, 79

1879

L'objet de la *Société pour l'étude des questions d'enseignement supé-*
rieur est :

D'étudier méthodiquement les institutions de haut enseignement qui
existent en Europe et dans les autres parties du monde ;

D'entretenir à cette fin des rapports et une correspondance avec les
principales Universités étrangères ;

De consigner dans un Bulletin périodique les résultats de cette enquête permanente avec les appréciations auxquelles ils auront pu donner lieu de la part des membres de la Société.

On est membre donateur de la Société en versant une somme de
500 francs ; membre adhérent en acquittant une cotisation annuelle
de 20 francs pour Paris, 10 francs pour la province, 12 francs pour
l'étranger.

Adresser les demandes d'adhésion au secrétaire général de la Société, 15, rue des Saints-Pères.

Paris. — Imprimerie Aisnous de Rivière, rue Racine, 26.

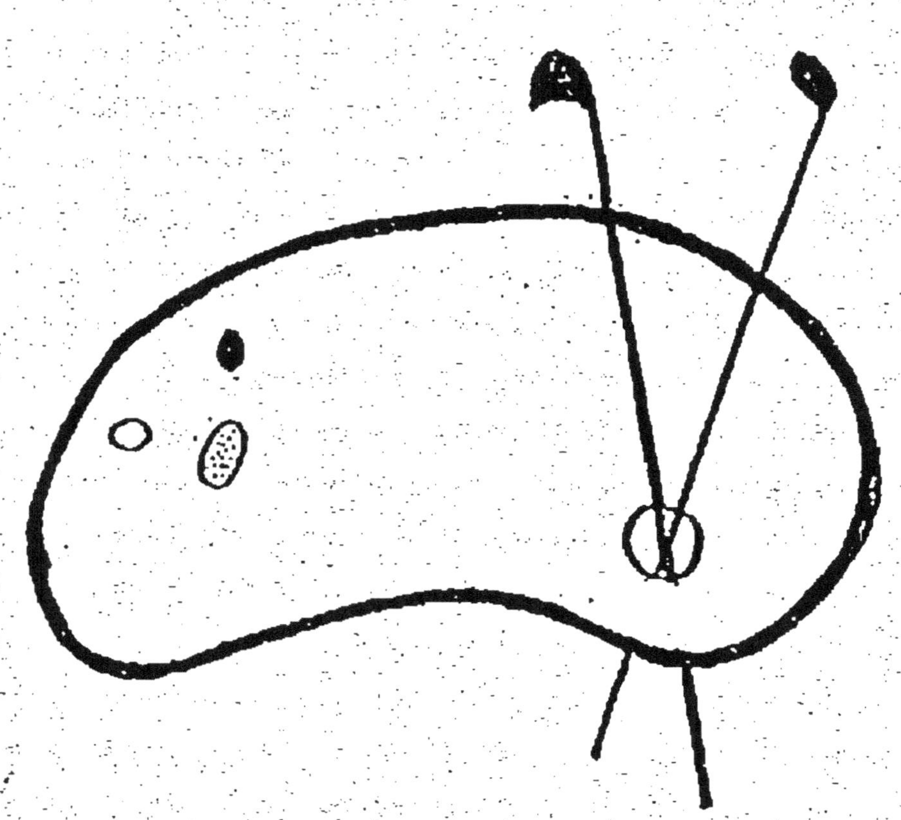

FIN D'UNE SERIE DE DOCUMENTS
EN COULEUR

À Monsieur *. Ristelhuber,
Maître ès antiquités alsaciennes,
j'offre cette esquisse d'une institution
de l'Alsace nouvelle en souvenir cordial

Th. Lindenlaub

UNIVERSITÉ DE STRASBOURG

PARIS. — IMPRIMERIE ARNOUS DE RIVIÈRE, RUE RACINE, 26.

UNIVERSITÉ

DE

STRASBOURG

ORIGINES — HISTORIQUE

RÉORGANISATION ET PROJETS D'AGRANDISSEMENT

PAR

M. TH. LINDENLAUB

PROFESSEUR DE L'UNIVERSITÉ DE FRANCE

EXTRAIT DES PUBLICATIONS

DE LA

SOCIÉTÉ POUR L'ÉTUDE DES QUESTIONS D'ENSEIGNEMENT SUPÉRIEUR

PARIS

LIBRAIRIE HACHETTE & CIE

79, BOULEVARD SAINT-GERMAIN, 79

1879

UNIVERSITÉ

DE

STRASBOURG

ORIGINES. — HISTORIQUE. — RÉORGANISATION ET PROJETS D'AGRANDISSEMENT.

Les origines de l'Université de Strasbourg sont particulièrement intéressantes. Elle ne naît pas toute organisée, toute développée, comme la plupart de ses sœurs aînées ou cadettes du Saint-Empire. Elle se forme, s'agrandit, se complète peu à peu, par évolution, peut-on dire. Le germe est la division supérieure d'une école d'enseignement secondaire, que l'on sépare à mesure que les besoins des élèves le réclament, et selon les circonstances favorables, en Facultés distinctes, jusqu'à ce que l'organisme universitaire ait tous ses membres, fonctionne de lui-même et se détache entièrement du gymnase qui lui a donné naissance. Tels sont les principaux traits de ce chapitre d'histoire pédagogique, qui pourrait s'intituler : Comment on fonde une Université.

I

Le succès de la Réforme religieuse à Strasbourg entraîna la réforme de l'enseignement à tous les degrés. L'ardeur de restaurer les bonnes lettres pour orner les esprits ne le cédait en rien à l'ardeur d'éclairer les âmes. Les écoles latines, alors en exercice, ne donnaient qu'un résultat médiocre : on manquait à la fois de bons livres et de bonnes méthodes [1]. « Depuis l'année 1528 existaient

1. V. Ch. SCHMIDT, *la Vie et les Travaux de Jean Sturm*, ch. III; *l'Ins-*

trois écoles supérieures : celle de Saint-Pierre-le-Vieux, où l'on enseignait le grec, le latin, la musique et la religion ; l'école installée dans le couvent des Carmélites ; l'école ouverte dans le cloître des Dominicains. Cette dernière était d'un rang un peu plus relevé que les deux autres, car on y donnait des leçons publiques de langues latine, grecque, hébraïque, et on y enseignait les différentes disciplines de la théologie. Trois scolarques, choisis parmi les principaux magistrats de la ville, inspectaient ces écoles. Jacob Sturm et Bucer avaient, en outre, fondé au commencement de 1530 une école supérieure de théologie, à laquelle on intéressa les partisans de la nouvelle foi. Plusieurs villes de l'Allemagne du Sud contribuèrent en partie à son entretien [2]. »

Tel était l'état de l'instruction et des *humanités* à Strasbourg, quand le magistrat résolut de faire fleurir ce qui languissait malgré les bonnes volontés individuelles. Il décréta l'organisation d'un gymnase, et appela, pour remplir cette tâche, Jean Sturm qui, malgré sa jeunesse, s'était déjà acquis à Paris une brillante réputation d'humaniste et de dialecticien. Commentateur autorisé d'Aristote et de Cicéron, son auteur préféré, ses leçons libres au Collège royal attiraient et retenaient de nombreux auditeurs, parmi lesquels Pierre Ramus [3].

Arrivé à Strasbourg en janvier 1536, Jean Sturm visita les écoles de la ville, recueillit les observations, arrêta le plan et le programme d'études du futur gymnase. Il prit surtout pour modèle le gymnase de Liège où il avait été élevé. Son traité pédagogique, *De literarum ludis recte aperiendis*, expose aux scolarques l'ensemble et les détails d'organisation de l'école telle que Sturm la comprend et la désire.

La principale étude est celle de la langue et de la littérature latines. Sturm, comme la plupart des pédagogues de la Renaissance, enivré d'antiquité, ne conçoit rien de plus parfait que la forme latine bien pure, la forme cicéronienne, et l'imitation ingénieuse des écrivains latins. Il irait presque jusqu'à déconseiller la langue nationale et vulgaire. Pour écrire comme pour parler, le latin est l'idéal ; les idées plus récentes, inconnues à l'antiquité, peuvent être aussi exprimées dans la langue de Cicéron, pourvu qu'on la connaisse à fond et qu'on la manie habilement. Les pen-

---

truction publique à *Strasbourg depuis la Renaissance jusqu'à l'arrivée de Sturm.*

2. *Zur Geschichte der Universität Strassburg. Festschrift für Eröffnung der Universität Strassburg am 1 mai 1872*; von D' August Schricker.

3. V. l'ouvrage de *Ch. Schmidt*, ch. i et ii.

sers les plus nouveaux s'accommodent très bien de la prose ou du
vers antique. Le fond de la culture sera donc la langue latine et
sa littérature. La culture sera générale ou spéciale. La première
exigera neuf ans; la seconde cinq. Des neuf premières classes,
sept seront employées à acquérir la pureté de la langue, et les
deux dernières à former le style. Les cinq années suivantes, années
de cours publics et d'enseignement supérieur, seront consacrées à
l'enseignement des choses, après l'enseignement des mots.

La classe la plus inférieure, la neuvième, reçoit les élèves de
cinq et sept ans. Aussitôt qu'ils savent lire et écrire, on commence
à leur apprendre un certain nombre de mots latins, une *copia ver-
borum* qu'on enrichit à chaque occasion; on les fait décliner et
conjuguer; il faut que les élèves parviennent à lire quelques-unes
des lettres les plus faciles de Cicéron. Pendant les six premiers
mois de la huitième, on continue la grammaire et l'explication des
lettres de Cicéron; on aborde les Églogues de Virgile. Pendant les
six derniers mois, on explique la syntaxe et l'on fait de petits
thèmes. En septième, récapitulation de la grammaire, règles de la
prosodie, lecture du *de Amicitiâ* et du *de Senectute* de Cicéron, de
l'*Énéide*, de morceaux choisis d'Horace, de Catulle et de Tibulle;
premiers exercices de style en se proposant pour but l'imitation
cicéronienne. La mémoire doit être très exercée dans ces trois
premières classes, non seulement à retenir les règles de grammaire, mais encore des pages de Cicéron et de Virgile.

La sixième ajoute à Cicéron et à Virgile, César, Térence « pour
former à la conversation latine ». Sturm allait jusqu'à faire repré-
senter au gymnase quelques comédies de Térence ou de Plaute, et
prononcer, avec tout l'appareil indiqué par les anciens historiens,
certains discours de Cicéron, tels que la *Milonienne*, afin d'habituer
les jeunes gens à un débit noble et à une action élégante.

L'enseignement du grec commence en cinquième. Le premier
semestre est consacré à la grammaire; le second, à l'explication
d'Ésope suivie de celle des *Olynthiennes* de Démosthène. Les lec-
tures latines, les exercices de récitation et de composition se pour-
suivent aussi dans cette classe, où l'on donne déjà les premiers
préceptes de la rhétorique. Depuis la quatrième, part égale est
faite au grec et au latin. Démosthène et Cicéron, Homère et Virgile sont lus avec le même soin. On interprète les traités de rhétorique de Cicéron et d'Hermogènes, on explique Salluste et Plaute.
En troisième, la dialectique prend place dans l'enseignement avec
Aristote; c'est au point de vue de la dialectique qu'on analyse
quelques discours de Démosthène et d'Eschine. La théorie des or-

nements du style est achevée en seconde, où l'on commence celle
des différents genres oratoires. On étudie en outre certains traités
d'Aristote et de Cicéron et quelques dialogues de Platon. Les exercices de style sont nombreux. En première, enfin, les leçons sur
l'art de la parole sont résumées et terminées, et l'on complète ce
premier cours de culture générale par les notions élémentaires
d'arithmétique et d'astronomie, et l'étude de la géographie antique
d'après Pomponius Méla.

L'enseignement religieux n'était pas oublié, comme bien on
pense, dans cette école destinée, d'après le principe de Sturm, à
former pour la nouvelle foi des partisans aussi zélés et pieux que
pour les belles-lettres des défenseurs éclairés. Dans cette étude
sacrée, le souci des études profanes se retrouvait encore. En
neuvième, l'enseignement était donné, il est vrai, en allemand,
dans cette langue nationale dont Luther avait fait une langue religieuse et un puissant instrument de conversion. Mais dès la
huitième, le latin reprenait ses droits. Pendant trois ans, c'est en
cette langue que se faisait l'enseignement religieux. Puis, à partir
de la cinquième, on lisait des parties du Nouveau Testament en
grec; en seconde et en première, on apprenait la grammaire
hébraïque, et on lisait dans l'original quelques chapitres de Moïse;
aujourd'hui cette étude est introduite dans la classe de première
de tous les gymnases allemands pour les élèves qui se destinent
aux études philologiques ou théologiques.

Nous avons donné ces détails pour montrer avec quelle somme
de connaissances littéraires, quelle tournure et quelle aptitude
d'esprit les jeunes gens abordaient la seconde partie de leurs
études, la partie plus libre, pslu spéciale aussi, cette division supérieure du gymnase où nous trouvons déjà les linéaments de la
future Académie et de la future Université de Strasbourg.

Deux professeurs, se partageant l'*Organon*, expliquaient l'un les
Premières analytiques, l'autre les *Secondes analytiques* d'Aristote. Un
autre professeur exposait les principes de l'éthique. Platon devait
être interprété en même temps qu'Aristote. « Les deux philosophes
se complètent l'un l'autre. » L'histoire n'était pas oubliée :
c'étaient les fastes des peuples de l'antiquité qui devaient être ra-
contés. Les préceptes et les exercices de rhétorique étaient pro-
longés. On faisait un cours de littérature grecque où l'on lisait les
poètes et les historiens. Ce que l'on savait des sciences de la nature
à cette époque, l'astronomie et l'étude des mathématiques d'après
Euclide, complétaient cet ensemble de cours où l'on peut dis-
cerner le germe d'une Faculté de philosophie. La gymnastique et

la musique avaient leur rôle dans ce plan d'éducation supérieure : la gymnastique, la natation, l'escrime, pour la force, la santé et la grâce du corps ; la musique, dans l'intérêt du chant religieux, pour adoucir les mœurs, élever les âmes, et aussi pour donner plus d'ampleur et de douceur à la voix, pour former des voix d'orateurs. Quant aux maîtres qui enseignaient la théologie, ils devaient se borner à interpréter Moïse, les Prophètes et le Nouveau Testament, en s'appuyant sur le sentiment des Pères. Les élèves devaient étudier d'eux-mêmes les Pères et les commentaires plus modernes. Sturm prescrivait en outre des leçons sur l'histoire de l'Église. Aux professeurs de droit il assignait le commentaire des Instilutes et des Pandectes. Le professeur de médecine devait prendre pour textes Galien et la physique d'Aristote, décrire les différentes parties du corps humain et montrer l'usage des herbes et des remèdes [1].

Bientôt les inconvénients de cette organisation incomplète se firent sentir et nécessitèrent un premier progrès. Les élèves de la division supérieure ne pouvaient prendre leurs grades à l'école de Strasbourg ; ils ne tardaient pas à émigrer vers les Universités de l'autre côté du Rhin, et les cours publics devenaient presque déserts. Dans un rapport présenté au magistrat le 6 mai 1566, Jean Sturm conseille un remède. Chaque année, à Pâques, on ferait une promotion publique, et les élèves, sortant de troisième pour commencer en seconde l'étude de la dialectique, seraient considérés comme étudiants. « Ceux qui persévéreraient ainsi deux ans dans l'étude de la dialectique et de la rhétorique, qui seraient aptes à discuter avec science et habileté, seraient honorés par grâce spéciale du grade de bachelier [2]. » On conférerait aussi la dignité de maître ès arts. Sturm aurait voulu que le magistrat fît des démarches auprès de l'empereur Maximilien II, pour obtenir dès lors l'érection d'une Université complète. Mais le magistrat, plus timide, « d'esprit plus médiocre », dit Sturm, bornait ses vœux à l'érection d'une Académie, c'est-à-dire seulement d'une Faculté de philosophie.

Le sénat strasbourgeois envoya à ses députés, à la diète d'Augsbourg, une requête destinée à l'empereur. Pour plus de sûreté, on ajouta aux bonnes raisons contenues dans la supplique de petits

---

1. V. Ch. Schmidt, ch. vi de la deuxième partie. Des détails plus circonstanciés se trouvent dans K. v. Raumer : *Geschichte der Pädagogik*, 1ᵉʳ vol., p. 228 et suiv.

2. Cité par le Dʳ A. Schricker : *Zur Geschichte der Universität Strassburg*, p. 13.

cadeaux aux deux conseillers les plus influents en cette occasion :
un mobilier pour Ulric Zasius, vice-chancelier impérial; une collection de livres nouveaux pour le docteur Weber, conseiller
aulique. Le privilège fut accordé par l'empereur le 1er juin. L'Académie de Strasbourg était fondée et avait le droit de faire des
bacheliers et des maîtres ès arts.

Mais jusqu'au jour où elle fut solennellement inaugurée, les difficultés et les retardements ne manquèrent pas. Ce fut d'abord la
question d'argent qui fâcha très fort le magistrat de Strasbourg.
A sa médiocrité d'esprit, il semble qu'il faille ajouter un peu d'ava-
rice. Le sénat croyait en être quitte pour ce mobilier et ces livres
dont nous avons parlé, plus quelques frais de chancellerie en
échange du parchemin scellé des armes impériales. On avait laissé
supposer aux scolarques que la dépense se monterait à 30 écus au
plus. La chancellerie réclama 1,100 florins d'or et encore 150 florins comme cadeau. On marchanda et on finit par obtenir une
réduction de moitié.

Une autre complication survint. « Il s'agissait de savoir si les
anciens professeurs qui n'avaient pas de grades devaient se sou-
mettre encore à un examen. Ils protestèrent contre cette préten-
tion. Sturm, interprétant le privilège impérial dans le sens le plus
large, démontra que, l'école étant élevée au rang d'une Académie,
les professeurs étaient, par ce fait même, élevés aux grades nécessaires ; que, par conséquent, il ne serait pas digne de leur faire
subir des examens. Cette opinion prévalut, mais on trouva encore
d'autres motifs de se plaindre. Le professeur d'éthique Ernest
Regius, devait être nommé doyen, et ses collègues non gradués
devaient être promus par lui lors de l'ouverture solennelle de
l'École. Ils refusèrent de se prêter à cet arrangement, par la raison
que Regius n'était encore que licencié; ils ne voulaient être pro-
clamés que par Sturm, leur ancien maître, et sans cérémonie
publique. Après beaucoup de pourparlers, les scolarques appe-
lèrent aux fonctions de doyen Michel Beuther, professeur d'histoire
et de droit, qui était docteur; ses collègues consentirent alors à se
faire donner le grade lors de l'inauguration. Celle-ci eut lieu le
1er mai 1567 [1]. »

Le programme suivant [2] donnera l'idée de la distribution des
cours et des matières d'enseignement traitées pendant un semestre
à l'Académie de Strasbourg.

<hr>

1. V. Ch. Schmidt, ch. xii. *Fondation de l'Académie de Strasbourg.*
2. Cité par K. v. Raumer : *Geschichte der Pädagogik*, IVe Theil, p. 258.

DESIGNATIO LECTIONUM PUBLICARUM PRO HOC ÆSTIVO SEMESTRI, IN ACADEMIA ARGENTORATENSI : ANNO 1578.

J. Sturmius Rector docebit dialog. Cicer. *de Senectute.*
Melchior Junius Decan. libros III Cic. *de Orat.* et orationem Ciceronis *Philippicam secundam.*

THEOLOGI.

D. Marbachius perget in explicatione Psalmorum.
D. Joh. Pappus explicabit Danielem prophetam et Acta Apostolorum.
M. Nic. Florus epist. Pauli ad Galatas.
Ev. Marbachius Lic. perget in lib..Judicum.

JURECONSULTI.

D. Laur. Tuppius perget in Pandectis.
D. Obert. Giphanius interpret. libb. IV Institutionum Just.
D. Georg. Obrechtus perget in libb. II Codicis.

MEDICI ET PHYSICI.

D. Andr. Planerus leget parvam artem Galeni. Deindo parva naturalia Aristotelis.
E. Lud. Hawenreuterus perget in compendio Physices.

HISTORICUS.

D. Mich. Beuterus explic. C. Tacitum.

ETHICUS.

M. Theoph. Golius perget in libris ethicis Aristotelis ad Nicomachum.

ORGANICUS.

M. L. Hawenreuterus perget in Analyt. prioribus Aristotelis.

MATHEMATICUS.

M. Conrad. Dasypodius docebit 6 libros priores Euclidis, item theorias solis et lunæ et doctrinam addet eclipsium.

LINGUARUM PROFESSORES.

M. Henning. Oldendorpius docebit grammaticam hebræam Clenardi et adjunget aliquot Psalmorum Davidis explicationem.
M. J. Wilveshemius græcanicæ linguæ Professor interpretabitur Ἔργα καὶ ἡμέρας Hesiodi.

Singulis mensibus singulæ attributæ sunt disputationes et declamatiqnes,
quæ publice a Professoribus haberi debent suo ordine, præter exercitationes
illas, quæ privatim suscipientur cum studiosis et honorum candidatis.

Les droits d'inscription étaient plus ou moins élevés, selon le
rang des étudiants, depuis 2 couronnes pour un prince, jusqu'à
1 batz (à peu près 15 centimes) pour les écoliers de la classe
bourgeoise qui fréquentaient les classes inférieures du gymnase.

L'année scolaire commençait en juin et prenait fin en mai; en
octobre on donnait vacances pour les vendanges (Feriæ vinde-
miales), et en avril avaient lieu la promotion publique et la colla-
tion des grades.

« Cet acte s'accomplissait avec solennité. A sept heures du
matin était prononcé le discours d'ouverture, puis le chancelier de
l'Université transmettait au doyen, par l'organe du notaire, le
droit de promotion. Alors le doyen donnait à chaque candidat les
questions à résoudre. Ces questions s'étendaient à tous les do-
maines de la science et exigeaient de celui qui devait y répondre
adresse et possession de la matière et de la langue, ainsi qu'une
somme de citations antiques et modernes. Certaines de ces questions donnaient seulement occasion de déployer l'habileté dialectique; d'autres exigeaient des connaissances positives. Par exemple,
voici ce que demande le doyen au premier des candidats au bacca-
.auréat de l'an 1587 : « Tu ergo, Vite Cummere Ambergensis, bre-
« viter dic mihi, est ne verum, quod dicitur : Boni grammatici
esse quædam ignorare? »

Vitus Cummer d'Amberg répond, en débutant par un appel
« au plus grand des orateurs et des philosophes, Marcus Tullius
« Cicéron »; puis il développe la pensée qu'un bon grammairien
n'a pas besoin de savoir certaines choses; par exemple, ce que dit
e chant des sirènes; pourquoi Télémaque avait réveillé Pisistrate
en le touchant du coude et non de la main; quel nom portait
Achille quand il vivait parmi les jeunes filles, et s'il a vécu plus
d'hommes qu'il n'en est mort[1]. »

Il faut penser longuement à ce temps d'avidité érudite où le
moindre détail matériel donné par Homère et Virgile était l'objet
d'hypothèses ardentes et sans fin, pour ne pas s'étonner du sérieux gardé par l'examinateur et le candidat !

1. *Zur Geschichte der Universität Strassburg*, p. 21.

Jean Sturm était recteur perpétuel de l'Académie. Le titre n'était pas seulement un hommage de reconnaissance au restaurateur des lettres à Strasbourg, mais aussi un gage de prospérité pour l'Académie. Cependant vint un jour où les devoirs de la reconnaissance et les services que Sturm rendait avec un zèle infatigable à l'institution qu'il avait fondée furent oubliés, disparurent devant des dissensions et des ressentiments théologiques.

Le 7 décembre 1581, Jean Sturm fut relevé de ses fonctions de recteur [1]. Cependant, les mêmes inconvénients qui avaient fait transformer la division supérieure du gymnase en Académie, subsistaient dans l'Académie même, et nécessitaient sa transformation en Université. La Faculté de philosophie, seule régulièrement constituée, avait aussi seule le droit de conférer les grades de bachelier et de maître ès arts. Quand le moment de prendre les grades était venu pour les autres étudiants, théologiens, jurisconsultes ou médecins, ils quittaient l'Académie de Strasbourg pour une Université voisine. Une seule Faculté était donc florissante, les autres manquaient d'élèves; les revenus de l'Académie en souffraient autant que la prospérité de l'enseignement. Le magistrat n'était guère disposé à favoriser l'érection d'une Université qui aurait, selon l'usage, le privilège d'une juridiction distincte et serait comme un corps dans le corps de la cité. Pourtant, si jaloux qu'il fût de son autorité, il céda à cette considération pratique que l'augmentation de la population académique ferait circuler chaque année beaucoup plus d'argent que par le passé, et que la bourgeoisie y trouverait son compte. En conséquence, une nouvelle supplique fut remise à l'empereur en 1594, pendant la diète de Ratisbonne. Le succès ne fut pas complet. Rodolphe II autorisa bien les professeurs de droit et de médecine à conférer les grades inférieurs, mais, dans son éloignement pour les protestants, il n'accorda pas cette faveur aux professeurs de théologie. Pour ne pas blesser leurs collègues, les professeurs de droit et de médecine n'usèrent pas du privilège, et les choses en restèrent encore là.

Deux ans après, en automne 1596, l'archiduc Matthias vint visiter Strasbourg. On lui offrit l'hospitalité la plus empressée et la plus magnifique pour le gagner à la cause de l'Université, que le magistrat prenait de plus en plus à cœur. Au printemps de 1597, l'arrivée

---

1. Pour les détails de ces controverses et la manière dont Jean Sturm fut mis en disgrâce, v. l'ouvrage déjà cité de Ch. SCHMIDT, ch. x, *Discussions avec les luthériens de Strasbourg;* ch. xiv, *Querelles avec Marbach, président du convent ecclésiastique de Strasbourg;* ch. xv, *Controverses théologiques avec le professeur Pappus. Destitution.*

d'un commissaire impérial envoyé pour inspecter l'Académie, fut l'occasion d'une nouvelle requête.

« Plus tard l'empereur se montra plus disposé, après les rapports des envoyés, à accorder le privilège aux théologiens, *pourvu que les candidats en théologie (c'est-à-dire les étudiants qui voulaient obtenir les grades académiques), voulussent jurer d'observer la paix religieuse.*

« C'est sur ce point que semblent principalement avoir duré les négociations entre Strasbourg et la cour de Prague. Les professeurs opposèrent à cette étrange exigence que, dans les autres Universités, on ne demandait pas aux étudiants en théologie serment de fidélité à la paix religieuse de 1555, car *elle n'existait que pour empêcher un État de l'empire d'en molester directement un autre, ou les sujets de cet autre, pour cause de religion*.....

« Le privilège désiré ne fut pas non plus obtenu sous le règne de l'empereur qui, comme archiduc, était entré dans les intérêts de la ville. Le temps où catholiques et protestants couraient aux armes, où l'Union s'opposait à la Ligue, n'était pas favorable à l'érection d'une Université protestante par privilège impérial. La diplomatie de Ferdinand II fit tous les efforts possibles pour détacher de l'Union les membres importants, ou du moins pour les affaiblir. En l'an 1621, les envoyés de Strasbourg traitèrent à Aschaffenburg avec Ferdinand II, par l'intermédiaire de l'électeur de Mayence, Johann Schweickhardt, et du landgrave Louis de Hesse. Dans l'acte qui fut signé le 24 mars, la ville s'oblige à cesser de secourir l'électeur palatin Frédéric V et à se séparer de l'Union le 14 mai. De plus, elle avait à payer environ 60,000 florins. L'empereur lui promettait conservation de ses droits et privilèges, amnistie pour le passé, protection de son commerce, et exemptait de charges militaires telles que garnison ou passages de troupes. Lors de la réunion des princes, à Heidelberg, les plénipotentiaires de Strasbourg déclarèrent accepter ces conditions si l'empereur tenait sa parole et accordait en outre à la ville une Université complète[1]. »

Ainsi furent menées cette fois à bonne fin les négociations poursuivies pendant de longues années avec tant de persévérance. Le privilège de l'Université nouvelle était accordé le 5 février 1621. L'inauguration solennelle eut lieu six mois plus tard, le 14 août. Le haut enseignement à Strasbourg allait commencer à briller, jusqu'à ce qu'au XVIIIᵉ siècle la même période vît son plus grand éclat et son extinction.

---

1. *Zur Geschichte der Universität Strassburg,* pp. 27 et 28.

II

L'administration de l'Université était confiée à un comité (*conventus*) que le magistrat reconnaissait. Les rapports entre l'autorité universitaire et l'autorité administrative n'étaient pas toujours les meilleurs. Les plaintes au sujet d'empiétements réciproques étaient incessantes.

Le nombre des étudiants était en moyenne de *deux cents*, appartenant la plupart à la noblesse. Tous les pays de l'Europe figurent sur le registre d'immatriculation. Déjà, au temps de Sturm et grâce à lui, l'Académie était, malgré ses lacunes, fréquentée de préférence par les jeunes nobles des pays réformés, qu'attirait la pureté de la doctrine religieuse conservée avec autant de zèle que la pureté de la langue et de l'enseignement littéraire. — Aux étudiants il faut ajouter un grand nombre de précepteurs et domestiques, amenés par les princes et les seigneurs, et qui ne se séparaient pas de leurs maîtres à l'Université : ainsi, sous l'ancien régime, vivait dans nos collèges la suite des jeunes gentilshommes qui y étudiaient.

Les parents envoyaient volontiers leurs fils à l'Université de Strasbourg, à cause de la bonne discipline qui y régnait. Le magistrat n'avait pas permis l'introduction d'une juridiction spéciale dans le corps académique; et la loi commune étant aussi rigoureuse à l'étudiant qu'à n'importe quel citoyen de Strasbourg, il vivait, au moins dans les commencements, dans l'ordre et la règle. Mais peu à peu s'introduisit la licence. Des édits répétés durent rappeler aux étudiants, et souvent sans succès, de s'habiller décemment, de ne pas faire de dettes, de ne pas se battre en duel. Celui qui violait obstinément les ordonnances académiques était expulsé; une sorte de certificat recommandait « à la sympathie des honnêtes gens » celui qui quittait l'Université après avoir bien terminé ses études.

La vie désordonnée était un mal général dans les Universités de cette époque. La guerre de Trente ans portait une rude atteinte aux mœurs et aux habitudes académiques. Plus d'un étudiant partait pour s'enrôler sous Wallenstein ou Mansfeld; d'autres quittaient le service pour venir s'asseoir sur les bancs; et de ce contact alors continuel entre la jeunesse et les gens de guerre résultait une vie tumultueuse et sans frein.

Les écrivains d'alors qui ont parlé de la vie universitaire[1] la décrivent avec une horreur bien amusante. L'esquisse qui nous est parvenue sous le nom de Philander von Sittewald, donnera une idée suffisante des choses qu'il a vues et de la manière dont il les peint :

« Je vis une grande chambre, *contubernium, museum, studiolum,* brasserie, cabaret, salle de bal, lupanar, etc., etc. En vérité, je ne puis dire au juste ce que c'était, car elle avait toutes ces destinations à la fois. Les étudiants y fourmillaient. Les plus distingués étaient assis à une table et buvaient ensemble jusqu'à rouler les yeux comme des veaux qu'on égorge..... L'un donnait la main à l'autre, et ils s'appelaient par leur nom, et juraient d'être amis et frères à jamais, en ajoutant la formule ordinaire : *Je fais ce qui te plaît; j'évite ce qui te déplaît.* Là-dessus, l'un attachait un lacet de son pantalon de cuir au pourpoint déchiré de l'autre. Ceux, au contraire, auxquels on ne voulait pas faire raison en buvant, se conduisaient presque comme des fous ou des diables ; ils bondissaient de colère, et, dans l'ardeur de venger une pareille insulte, ils s'arrachaient les cheveux, se jetaient les verres à la figure, tiraient l'épée, s'attaquaient jusqu'à ce que l'un tombât et restât sur le carreau : j'ai vu les meilleurs, même de proches parents, se battre avec ces transports de fureur diabolique. Il y avait là d'autres jeunes gens qui devaient servir, verser à boire, supporter mille vexations et se prêter à bien des cérémonies : les premiers, par exemple, montaient dessus comme sur des chevaux ou des ânes, et, dans cette posture, vidaient des écuelles de vin, chantaient des hymnes à Bacchus, disaient la *messe de Bacchus :*

O vitrum gloriosum! Resp. mihi gratissimum !

« Ces servants étaient appelés par les autres *bacchants, pennals, coqs domestiques, ascarides, veaux, nourrissons, Quasimodogeniti, jeunes messieurs.....* »

Quels étaient donc ces malheureux affublés de noms humiliants, traités comme des domestiques, ou pis encore ? C'étaient les étudiants nouvellement arrivés à l'Université, sur lesquels les plus anciens s'arrogeaient une foule de droits tyranniques, et qui étaient soumis à ce rude et dégradant noviciat d'une année entière, le *pennalisme.*

---

1. V. les textes cités par RAUMER : *Geschichte der Pädagogik*, 4ᵉ partie, p. 331 et suiv.; p. 339 et 340.

Le pennalisme était une prolongation arbitraire, cruelle, de la *déposition*, dont les rites bizarres cachaient un sens élevé qui disparaît dans le pennalisme. La déposition était la cérémonie de réception des jeunes gens qui arrivaient à l'Université. Elle était légalement, administrativement organisée. Elle était le symbole du perfectionnement que les hautes études doivent apporter à l'âme. Un voyageur français du xvii' siècle, qui avait vu cette cérémonie de la déposition à Upsal, en a transmis un récit très fidèle et expliqué le sens : les nouveaux étudiants sont censés déposer, en revêtant leur dignité nouvelle, tous les défauts qui, jusqu'alors, persistaient en eux.

« Le maître de la cérémonie, appelé Herr Depositor (M. le Dépositeur) y faisoit revêtir d'habits de différentes pièces et couleurs les jeunes gens qui vouloient être reçus au nombre des Étudians de l'Académie. On leur noircissoit le visage ; on attachoit de longues oreilles et des cornes à leurs chapeaux, dont les bords étoient abattus ; on leur mettoit de longues dents de cochon aux deux coins de la bouche, qu'ils devoient serrer comme deux petites pipes, et ne pas laisser tomber sous peine de bâton, et on leur mettoit sur les épaules un long manteau noir. Ceux-ci étant ainsi plus monstrueusement et plus ridiculement deguisez que ceux que l'inquisition mène brûler, le Depositor les faisoit sortir de la chambre de la déposition ; et tenant à la main un long bâton, au bout duquel étoit emmanchée une petite hache, il les chassoit devant soi, comme un troupeau de bœufs ou d'ânes, jusques dans une salle, où des spectateurs les attendoient. Il les y faisoit ranger en un cercle, au milieu duquel il se tenoit, après les avoir égalez et mesurez de son bâton, comme un sergent mesure les soldats avec sa hallebarde pour leur faire garder les files. Il leur faisoit quantité de grimaces, de révérences muettes ; ensuite il les railloit sur leur étrange équipage ; et passant du burlesque au sérieux, il les haranguoit. Il faisoit un dénombrement des différens vices et défauts de la jeunesse, et montroit le besoin qu'elle avoit d'être corrigée, châtiée, polie par l'étude des belles lettres, etc. Quittant ensuite le sérieux pour le burlesque, ou plutôt pour le tragi-comique, il leur faisoit diverses questions, auxquelles ils étoient obligez de répondre. Mais les dents de cochon qu'ils avoient dans la bouche, les empêchant de le faire distinctement et intelligiblement, et les faisant au contraire grogner comme des pourceaux, il en prenoit occasion de leur en donner le nom, et de leur appliquer quelque coup de son bâton, quoique légèrement, sur les épaules, ou de les souffleter de ses gans, accompagnant cela de réprimandes. Il disoit que ces dens signifioient l'intempérance, les débauches des jeunes gens, à qui l'excès du boire et du manger offusquoit l'entendement, en chargeant l'estomac, etc. Tirant ensuite d'un sac ou espèce de gibecière, semblable à celle des joueurs de gobelots, des tenailles de bois qui s'allongeoint et se retiroient en zigzag, il leur en serroit le col, les agitant et les secouant, jusqu'à ce que les dents tombassent par terre. Il disoit que s'ils étoient dociles et qu'ils s'efforçassent de profiter des leçons de l'Académie où ils désiroient d'entrer, ils se déferoient du penchant qu'ils avoient à l'intempérance et à la gloutonnerie, comme de ces dents. Il leur arrachoit ensuite les longues oreilles, par lesquelles il leur faisoit entendre qu'ils devoient s'appliquer fortement à l'étude, pour éviter de rester semblables à l'animal qui les porte. Ensuite il leur ôtoit les cornes, qui désignoient la férocité et la brutalité, etc. Tirant ensuite du même sac, ou de la même gibecière, un rabot, il les faisoit coucher l'un après l'autre sur le ventre, puis sur le dos, puis sur les deux côtés, et les rabottoit en chaque posture par tout le corps, leur disant que les Belles Lettres et les Beaux Arts poliroient leur esprit de même. Il remplissoit après quelques autres actes aussi ridicules de cette pédantesque et burlesque cérémonie, un grand vase d'eau qu'il leur répandoit sur la tête nue, et dont il leur inondoit tout le corps. Après cela, il leur essuyoit rudement le visage d'un gros torchon. La farce ou cérémonie étant terminée par cette ablution, le Depositor exhortoit la troupe rabottée, étrillée et lavée, à un nouveau genre de vie, à combattre les mauvaises inclinations, les mauvaises habitudes, qui défiguroient leur esprit, comme les diverses parties de leur déguisement avoient défiguré le corps. Après quoi il les déclaroit « libres étudians de l'Académie » à condition qu'ils porteroient pendant six mois de longs manteaux noirs, semblables à ceux de la déposition, et iroient tous les jours offrir chacun à ceux de sa province, qui avoient été reçus étudians auparavant, leurs services, tant dans leurs chambres qu'aux auberges; qu'ils obéiroient aux ordres qu'ils en recevroient, et subiroient sans murmurer tous les reproches et toutes les railleries qu'ils leur pourroient faire, ce qu'on appeloit les Pénales [1]. »

Les étudiants plus anciens donnaient pour prétexte à ces abus

1. *Voyage du sieur de la Motraye en Europe, Asie et Afrique*, t. II, p. 316 et suiv., cité par J. FRYKSELL : *Dissertatio gradualis, sistens aphorismos de origine initiationis novitiorum in Academiis.* Upsal, 1755. — Cf. *De origine Depositionis*, Erfurt, 1587, et *Ritus depositionis Argentoratensis*, 1556, avec gravures.

envers les nouveaux que, même après la déposition, il restait en
eux tant d'imperfections qu'une année d'épreuves n'était pas trop
longue pour les en corriger[1]. Ces épreuves dégénérèrent bientôt
en véritables persécutions. « S'il plaît à un de ces bourreaux de
faire copier quelque chose, le *junior* doit se mettre à son service,
être son secrétaire ; a-t-il quelques hôtes et amis chez lui, le jeune
homme doit être là et servir ; a-t-il quelque chose à commander, à
faire, ou à chercher dans un des villages environnants, le *pennal*
doit y aller, être son domestique, son messager, son portefaix ;
a-t-il envie de se promener, le *junior* est tenu de le suivre comme
un satellite ; est-il ivre et furieux, le *novitius* ne doit pas le quitter
ni s'en écarter, mais rester constamment près de lui comme
auprès d'un maître, et l'accompagner dans les rues ; s'il est
malade, les *juniores* sont forcés de le veiller chacun à son tour,
afin qu'il ne soit pas seul un instant ; veut-il entendre de la musique, et le *junior* est-il exercé dans cet art, il doit venir et jouer,
fût-ce pendant une nuit entière ; lui vient-il quelque autre caprice,
il fait appeler le nouveau venu : celui-ci, fût-il malade, au lit,
même au milieu de la nuit, doit se présenter ; en cas de rixe ou de
bataille, il doit défendre de l'épée son maître et l'assister avec toute
sollicitude ; si l'ancien veut satisfaire sa méchanceté en frappant,
le *junior* doit se plier à cette humeur damnable et diabolique,
recevoir les coups et les soufflets, subir les vexations les plus ou-
trageantes, se laisser traiter arbitrairement comme le dernier des
misérables[2]..... » Devant une pareille perspective, bien des jeunes
gens hésitaient à se rendre aux Universités, retardaient ce temps
d'épreuves le plus longtemps possible. Et ils n'avaient pas à espérer d'échapper aux mauvais traitements en passant d'une Université à l'autre. Ils demeuraient, aussi longtemps que leur année
de *pennalisme* n'était pas terminée, les victimes d'un pacte qui réu-
nissait tacitement tous les anciens des diverses Universités. Le
malheureux *pennal* était accueilli à Strasbourg par les mêmes
tyrans qu'il avait fuis en quittant Iéna ou Heidelberg. Les mesures
isolées, édits des princes ou arrêtés universitaires, étaient impuis-
santes. Pour en finir avec cet abus, il fallut en venir à des mesures
communes, et encore ces dernières n'eurent pas tout d'abord plein
succès. En 1636, les Universités de Wittemberg, Königsberg,
Marburg et quelques autres s'entendirent et promulguèrent une

---

1. Luchtenius, cité par RAUMER : *Geschichte der Pädagogik*, p. 46.
2. SCHÖTTGEN : *Pennalismi abrogatio et profligatio ex Academia Hasso-Gissena.* Gissæ, 1660.

ordonnance commune contre le *pennalisme*. Mais le mal était si général et poussé si loin, qu'après une vingtaine d'années, en 1654, les princes durent porter la question devant la diète de Ratisbonne, encore en vain. Ce fut en 1660 qu'on commença à agir efficacement. La Saxe donna l'exemple, en décidant qu'un étudiant expulsé d'une de ses Universités pour cause de *pennalisme* ne pourrait être admis dans les autres. Les Universités de Helmstädt, Altorf, Giessen, Rostock, Francfort, Königsberg prirent des mesures analogues. Le *pennalisme* disparut bientôt des autres Universités, non sans résistance; et, chose curieuse, en certains endroits, cette résistance vint de ceux mêmes qui auraient dû bénir leur délivrance : quand, en 1661, l'édit de l'électeur de Saxe supprima le *pennalisme* à Leipzig, plus de deux cents *pennals* se réunirent et se jurèrent mutuellement de persévérer dans leur condition et d'achever volontairement leur année de servitude [1] !

La *déposition*, avec ses rites inoffensifs, survécut au *pennalisme*. A Strasbourg, elle ne fut abolie qu'en 1792.

III

L'Université de Strasbourg n'eut pas tant à souffrir de ces coutumes barbares que certaines de ses aînées, ni, comme d'autres, de la guerre de Trente ans. Son principal souci était de voir ses cours peu fréquentés. Les riches, les nobles, les princes se conduisaient comme de nos jours les étudiants des Universités italiennes. Ils se faisaient donner des leçons particulières. Les plus pauvres exerçaient le métier de répétiteurs.

La capitulation de la ville et son annexion à la France en 1681, ne furent pas un événement pour l'Université et ne changèrent rien à son organisation ni à son esprit. Louis XIV accordait à Strasbourg la conservation de ses privilèges et de sa constitution. L'Université, en vertu de l'article 4 de la capitulation, jouit de la même faveur. Mais à son administration, comme au Magistrat même, fut adjoint un représentant du roi.

Par lettres patentes du 21 mai 1685, Louis XIV, « informé de la réputation que l'Université établie dans la ville de Strasbourg s'est acquise depuis un très long temps, et désirant prendre le même soin de ladite Université que des autres de son royaume, afin de

____

1. K. v. RAUMER : *Geschichte der Pädagogik*, 4e partie, p. 60.

la rendre d'autant plus florissante, constitue le *préteur royal* pour, en cette qualité et conjointement avec les magistrats de la ville, veiller et s'employer au rétablissement et maintien des droits de ladite Université et des privilèges et immunités d'icelle; pourvoir pour cette fin à l'administration des biens et revenus qui lui appartiennent; empêcher que lesdits biens et revenus, aussi bien que les fondations, bourses et bénéfices destinés à l'entretien des études ne soient employés ni divertis à d'autres usages, ni les charges, dignités et honneurs de ladite Université conférés qu'à des personnes capables et bien intentionnées à son service [1]. »

A cette seule modification près, l'Université continua d'enseigner suivant son organisation et ses traditions. Rien ne pouvait l'inquiéter que ses défauts intérieurs, signalés dans la pièce suivante datée du 8 mars 1736 et adressée par le *préteur royal* à Versailles :

« Quoique les statuts académiques obligent les professeurs de cette ville de tenir des collèges publics, néanmoins, depuis sept à huit ans, ils ont négligé de s'acquitter de ce devoir indispensable et se sont pour ainsi dire érigés en simples répétiteurs, sans doute parce que les leçons privées leur étant largement payées, ils trouvent cette dernière méthode plus lucrative et moins assujettissante que la première. Cette négligence ne ternit pas peu le lustre et la réputation que l'Université de cette ville s'était acquis dans l'Europe, car la jeunesse étudiant séparément et selon son bon plaisir il n'y a plus entre elle d'émulation ni d'exactitude. Les étrangers ne pouvant d'ailleurs faire leurs études qu'à gros frais, ne viennent plus avec la même affluence que ci-devant, et comme le Magistrat de cette ville n'a abandonné aux professeurs une partie de ses biens patrimoniaux que pour les mettre en état d'enseigner publiquement et sans rétribution, il est constant qu'ils tiennent une conduite directement contraire à leur institut et à leur fondation.

« Le deuxième reproche qu'ils méritent concerne le régime et l'administration de leurs revenus; peu embarrassés des intérêts de l'Université en général, ils ne songent qu'à eux-mêmes et font à leur gré des dépenses superflues dans leurs maisons canoniales et ailleurs, tandis qu'ils oublient le nécessaire, même jusqu'à l'entretien de leur propre église dont ils sont chargés. Enfin, comme les familles des professeurs s'allient communément les unes avec les

1. *Recueil des Ordonnances d'Alsace*, t. I, p. 149.

autres, et que, par cette parenté trop générale, dans les délibérations académiques où l'on suit la pluralité des voix, les familles
liguées l'emportent d'ordinaire sur les suffrages des députés de la
ville, non seulement cet abus affaiblit beaucoup l'autorité du
Magistrat, mais il arrive toujours que les élections ne se font que
par factions, et les sujets les moins capables sont préférés aux plus
méritants, ainsi que nous l'avons vu arriver dans les quatre ou
cinq dernières élections, malgré toutes les précautions dont j'ai pu
m'aviser à cet égard [1]. »

1. *Archives municipales de Strasbourg,* ms.

Le bombardement de 1870, qui a détruit les bâtiments les plus voisins, n'a
pas ruiné les *Archives municipales,* comme on l'a dit et écrit par erreur.
Des richesses de ce dépôt on n'a donc perdu que les manuscrits transportés
arbitrairement dans la *Bibliothèque de la Ville,* et brûlés avec elle.

Les *Archives municipales* renferment tous les documents politiques, administratifs, judiciaires de la ville libre impériale de Strasbourg, véritable
république jusqu'en 1681, ainsi que les correspondances diplomatiques
qu'elle échangea avec les autres villes libres d'Allemagne, les municipes
suisses, l'Empire.

Outre les documents sur l'ancienne Université de Strasbourg, dont j'ai uti-
lisé les principaux, je signale aux visiteurs futurs des archives d'autres
pièces importantes, telles qu'une correspondance relative à l'invasion dite
des *Anglais* en Alsace et en Allemagne (1365-1378) — une correspondance
sur la guerre faite aux Hussites (1421-1430) — des pièces concernant l'invasion des Armagnacs en Alsace (1435-1451) — les procès-verbaux de plusieurs
diètes convoquées au XV⁰ siècle pour demander des subsides contre les Turcs
— une correspondance au sujet de la guerre faite à Charles-le-Téméraire par
le duc Sigismond d'Autriche, l'évêque et la ville de Strasbourg ainsi que la
ligue des villes d'Allemagne, d'Alsace et de Suisse — des correspondances
relatives à la révolte des paysans connue sous le nom de *Bundschuh* (1513),
à la guerre des Paysans de 1521 et aux Anabaptistes de Münster : principales pièces de la constitution promulguée par Jean de Leyde, relation des
excès commis à Münster, description de la disette régnant dans cette ville
— de nombreux dossiers du plus grand intérêt pour l'histoire diplomatique
et militaire de la Réforme — de curieuses pièces relatives aux événements
survenus en Pologne à la suite du départ du duc d'Anjou.

Les Archives municipales de Strasbourg ont aujourd'hui un classement
parfait qui peut attirer les travailleurs et leur être d'un grand secours, grâce
aux soins incessants de M. Brucker, archiviste depuis 1866. En 1869 il trouva
dans un grenier du bâtiment une masse de papiers déchirés, salis, jetés au
rebut depuis de longues années. C'étaient une grande partie des documents
autrefois renfermés à l'Hôtel de Ville et jetés par les fenêtres au moment du
sac de la municipalité en 1789! M. Brucker, patiemment, nettoya, rassembla,
classa tous ces débris : le dépôt était augmenté de *vingt mille* pièces nouvelles. En même temps, l'archiviste rédigeait un Inventaire de ses archives :
les deux premiers volumes ont paru l'année dernière. Le fonds diplomatique
y est catalogué avec une exactitude et un détail bien précieux. Cet inventaire est en langue française. Tous ceux qui s'intéressent aux époques histo-

La seule alarme sérieuse qu'éprouva l'Université, fut causée, à la fin du xvii° siècle, par l'essai d'introduire *l'alternative* dans son administration.

Strasbourg était à peine français depuis quelques années, que les catholiques, surtout la population que l'annexion avait amenée, demandèrent et obtinrent que les fonctions et charges publiques fussent accessibles à ceux de leur religion comme aux protestants. Jusque-là le Magistrat, les diverses chambres administratives, avaient été exclusivement réformés. Un édit de Louis XIV satisfit aux réclamations :

« De Par le Roy, Très chers et bien aimez, ayants esté informez qu'il y a presentement dans la Ville de Strasbourg un nombre considérable de Bourgeois catholiques, et considerants qu'il ne seroit pas juste que lesdits Bourgeois catholiques n'eussent aucun d'Eux dans le Magistrat de ladite Ville pour veiller à la conservation de leurs Interrests dans les affaires qu'ils peuvent avoir par-devant ledit Magistrat ; Nous vous faisons cette lettre pour vous dire que notre Intention est, que dorenavant, et à commencer aux prochaines assemblées qui se feront pour eslire aux charges et employs qui viendront à vacquer dans ledit Magistrat, ou qui sont de la Juridiction de la ville, tant dans l'enceinte d'icelle qu'au dehors, soit par mort, soit parce que le temps pour lequel ceux qui auront été elleuz sera expiré, en quelque autre maniere que ce soit, les charges dudit Magistrat soyent alternativement remplyes de catholiques et de luthériens, en sorte qu'il y ait toujours dans ledit Magistrat et dans les autres charges et employs qui dependent de la ville un nombre de Bourgeois ou Habitans catholiques et luthériens proportionné à ce qu'il y en aura dans la Ville de l'une et de l'autre Religion, et que ce qui est precisement porté par l'article 5 du traité d'Osnabruck sur l'égalité exacte et reciproque qu'il doit y avoir entre les subjects de l'une et de l'autre Religion, soit exactement observé tant à l'esgard des Catholiques que des Luthériens.

« Et ne doutants pas que Vous ne vous conformiez à ce qui est en cela de nostre volonté, nous ne vous ferons pas la presente plus longue ni plus expresse. N'y faites donc pas faute ; car tel est notre bon plaisir. Louis. Donné à Versailles le 5° avril 1687[1]. »

riques sur lesquelles les Archives municipales de Strasbourg donnent des lumières, seront reconnaissants à M. Brucker des douze ans de travail qu'il a consacrés exclusivement au classement et à l'inventaire de son dépôt.

1. *Archives municipales de Strasbourg*, ms.

Pendant de longues années on ne songea pas à appliquer à l'Université ces dispositions nouvelles; mais en 1751 les catholiques, bien établis dans le Magistrat, tentèrent de prendre pied dans l'Université et d'y enseigner avec les luthériens ; c'est à Versailles qu'ils adressèrent leurs vœux :

« Les magistrats catholiques de la ville de Strasbourg croiroient manquer à ce qu'ils doivent à leurs concitoyens et à leurs compatriotes, à ce qu'ils se doivent à eux-mêmes, à leur religion, à celle de notre glorieux monarque et aux intentions de Sa Majesté s'ils continuoient à garder le silence sur les griefs que souffrent les catholiques de se voir exclus par les luthériens des charges, dignités et honneurs de l'Université de cette ville; ils ont bien voulu conniver jusqu'à présent à les laisser entre leurs mains seules, parce que pendant plusieurs années les sujets catholiques capables de les remplir paraissoient extrêmement rares. Mais depuis quelque temps le nombre des habitants catholiques ayant augmenté peut-être dix fois au delà de ce qu'il étoit il n'y a pas longtemps et s'augmentant encore tous les jours considérablement, les magistrats catholiques ne peuvent plus se dispenser de demander au Roi qu'il plaise à Sa Majesté d'ordonner que l'alternative entre les deux religions soit à l'avenir observée dans l'Université, comme elle l'est au Magistrat de cette ville. Ils sont fondés à cet égard sur l'équité la plus naturelle, sur les traités de paix, sur la capitulation de la ville, et sur la lettre du feu roy du 5 avril 1687.

« La justice de leur demande se fait sentir par la simple proposition. Les catholiques ne veulent pas se prévaloir des prérogatives d'une religion dominante; ils se contentent de marcher de pair avec les luthériens que le Roi veut bien tolérer dans cette province. N'est-il pas juste que ceux-là aient les mêmes avantages que ceux-ci dans l'Université de la ville? Cette Université dépend du Magistrat; c'est lui qui en a demandé et obtenu l'établissement et les privilèges des Empereurs et Roix des Romains. C'est le Magistrat qui lui donne ses loix et ses règlements et qui place à sa tête un chancelier et des scolarques choisis du corps de la magistrature de cette ville. Les élections des docteurs et professeurs ne se font que sous l'autorité et par la confirmation des magistrats tant catholiques que luthériens. Le *préteur royal* de la ville est commis et chargé expressément par ses provisions d'avoir l'inspection sur l'Université et de veiller particulièrement à ce que les charges, dignités et honneurs qui y sont annexés ne soient conférés qu'à des personnes capables et zélées pour les intérêts de

Sa Majesté et pour le bien public. Ainsy les Magistrats catholiques partageant avec les luthériens le gouvernement de l'Université, l'équité veut qu'ils partagent avec eux l'avantage de pouvoir y placer des sujets de leur religion.

« Ce seroit une vanité bien indécente et un mépris affecté de la part des luthériens, s'ils prétendaient que les catholiques ne sont point en état de procurer à l'Université de Strasbourg des sujets capables d'en remplir dignement les charges et les dignités..... Le barreau que les luthériens ne fréquentent pas fournira successivement des personnes également habiles dans la théorie et la pratique du droit et des ordonnances; la faculté en médecine et celle des autres arts en trouvera aussi parmi les François qui se rendront très utiles au public dans ces postes de l'Université. L'*alternative* ne manquera pas d'y répandre une émulation admirable qui y rétablira le bon ordre, car, on ose le dire, et les magistrats luthériens seront obligés d'en convenir eux-mêmes : malgré les soins que s'est donné jusqu'icy M. le Préteur royal et le Magistrat de contenir les professeurs et docteurs de l'Université dans leurs devoirs pour leur faire tenir régulièrement leurs leçons publiques, il y a dans la plupart d'entre eux une négligence impardonnable qui fait crier le public. Pour ce qui est des étudiants, on peut dire avec la même vérité qu'il est aussi injuste que gênant et préjudiciable que les écoliers catholiques ne trouvent aucun maître ni professeur de leur religion dans cette Université : il est aisé de concevoir que cela détourne quantité de familles externes d'y envoyer leurs enfants. Mais surtout quelle indécence, quel danger même pour la Religion que l'écolier catholique soit obligé, pour avoir ses licences, de se faire instruire en droit canon par un professeur luthérien; on sçait combien ce droit influe sur les dogmes de la religion. Souvent on a été obligé de réprimer les abus les plus notables qui ont été commis à cet égard; entre autres, il est arrivé à plus d'un écolier catholique qu'ayant dédié ses thèses à l'honneur de la Sainte Vierge, les professeurs les ont rejetées et ont obligé le soutenant à supprimer cette dédicace [1]. »

Les protestants, désireux de maintenir à l'Université son caractère confessionnel, combattirent vivement ces raisons en appuyant leurs droits : 1° sur la charte de fondation ; 2° sur le traité de Westphalie ; 3° sur l'acte de capitulation ; 4° sur les lettres patentes données en confirmation par le nouveau roi en 1716; 5° sur les principes que le gouvernement, de même que les tribunaux du

1. *Archives municipales de Strasbourg,* ms.

royaume, avaient constamment suivis jusqu'alors dans les décisions au sujet des contestations religieuses en Alsace.

Les magistrats luthériens ajoutèrent qu'on expliquait le droit canon, à l'Université, dans le sens des canons, de même qu'on enseignait le droit romain dans le sens des lois romaines, quoiqu'on différât aujourd'hui sur plusieurs points de cette législation; ils alléguèrent que toutes les cours souveraines admettaient les licenciés de l'Université luthérienne, et que jamais on n'avait pu leur reprocher qu'ils eussent reçu de faux principes en droit canon. Ils ajoutèrent enfin que, si un catholique scrupuleux répugnait à recevoir l'enseignement de ce droit d'un professeur luthérien, il pourrait suivre les leçons du professeur de l'Université catholique, et que l'Université luthérienne lui conférerait le grade, comme s'il avait assisté au cours du professeur réformé.

Le comte d'Argenson et le chancelier d'Aguesseau virent les inconvénients graves qu'il y aurait à prolonger un conflit où la rivalité religieuse se mêlait à une lutte de nationalité. Ils repoussèrent la requête des magistrats catholiques. L'Université resta donc en pleine possession de ses droits et de son organisation confessionnelle qu'elle défendait à chaque occasion avec un soin jaloux [1].

L'Université catholique, dont il a été question plus haut dans la défense des protestants, avait été créée en 1617 à Molsheim en vertu d'une bulle du pape Paul V, confirmée par l'empereur Matthias. Ce n'était, à parler exactement, qu'une Académie avec deux Facultés pour les arts libéraux et la théologie. Elle était dirigée par les jésuites. Louis XIV créa bientôt après la capitulation un collège de jésuites à Strasbourg même (1685) et par lettres patentes de 1701 y adjoignit l'Académie de Molsheim.

Quand les réclamations au sujet de l'*alternative* à l'Université protestante furent repoussées, les magistrats catholiques demandèrent qu'on créât à l'Académie une chaire spéciale de droit canon. Plus tard, en 1776, le cardinal-évêque de Rohan obtint du roi des lettres patentes à cet effet.

Au moment où le premier essor des sciences naturelles allait exiger de l'Université de Strasbourg un élargissement de son programme, le mode de traitement des professeurs y opposa un obstacle. Le revenu des treize canonicats de Saint-Thomas servait à appointer un nombre égal de professeurs. Il était difficile de

1. *Enquête du préteur royal d'Autigny, 1769.* Archives de Saint-Thomas.

créer des chaires nouvelles, faute de ressources. Les professeurs
qui ne jouissaient pas d'un canonicat devaient se suffire avec le
prix de leurs leçons. Dès qu'une chaire ou un des bénéfices devenait vacant, les plus anciens faisaient valoir leurs droits, et ainsi,
pour attirer de jeunes professeurs de talent, au courant des derniers progrès de la science, on n'avait à leur offrir que l'espérance précaire d'un canonicat qui se faisait souvent attendre longtemps.

Vers la fin du xvii° siècle, on supprima une des chaires de la
Faculté de droit, qui en comptait quatre : deux pour les Pandectes,
une pour les Institutes, et une pour le Codex. Mais au milieu du
siècle suivant la chaire fut rétablie. En 1761, année où il y avait
pour le canonicat six candidats en même temps, on limita le
nombre des professeurs à quatorze : trois pour chacune des Facultés de théologie, de médecine et de jurisprudence, et cinq pour
la Faculté de philosophie. La quatorzième pension devait être
fournie par le Magistrat.

C'est au xviii° siècle, pendant la période qui précéda immédiatement sa disparition, que l'Université eut le plus d'éclat et
l'action la plus féconde, malgré le nombre limité de ses professeurs et les autres lacunes dont elle souffrait. Elle se développa en
fondant des établissements scientifiques qui vivaient de sa vie et
étendaient son enseignement : en 1738, une école théorique et
pratique d'accouchement, d'où sortirent les meilleurs opérateurs
d'Allemagne, de Hollande, de Suisse et des pays du Nord. Un
jardin botanique, un cabinet d'histoire naturelle y furent adjoints.
En 1754 fut ouverte une école d'équitation dépendant de l'Université, pour attirer les étrangers et les jeunes gentilshommes qui
aimaient à cultiver les arts d'agrément à côté des études sérieuses
L'enseignement de la langue anglaise est introduit en 1763. Dix
ans plus tard on érige un observatoire. Enfin, en 1780, une chaire
nouvelle est créée pour le droit public dont on s'occupait déjà
depuis 1760. La bibliothèque, qui provenait du temps de la Réformation et du legs de Jacques Sturm, fut augmentée par Schœpflin. Son testament (1765) faisait don à la ville de ses livres,
précieux trésor historique et diplomatique.

Un des professeurs les plus renommés de l'Université au
xviii° siècle, Koch, écrivait au commencement de 1782 un mémoire sur les « Avantages du local de Strasbourg pour l'éducation [1]. » La lecture des principaux passages de ce travail mon-

1. *Archives municipales de Strasbourg*, ms.

trera en même temps, et ce qui attirait la jeunesse studieuse, et ce qui manquait à l'Université pour porter tous ses fruits, et ce qu'un esprit sagace demandait dans son intérêt et celui de l'enseignement, quelques années avant la Révolution.

« Avantages du local de Strasbourg pour l'éducation :

1° La ville est située au centre de l'Europe (!) entre la France et l'Allemagne dans le climat et le plus heureux le plus fertile où on trouve en abondance et à bon prix tout ce qui est nécessaire à la vie.

2° On y parle les deux langues, et les étrangers y ont la facilité de se perfectionner dans la langue française que la moitié de la ville et tous ceux qui tiennent au gouvernement parlent.

3° Les deux religions y sont en vigueur. Le culte public de la religion protestante y étant autorisé même par les traités de Westphalie, les Allemands, les Danois, les Suédois, les Livoniens, les Courlandois et généralement tous ceux qui professent ce culte, y envoient volontiers leurs enfants.

4° Deux Universités s'y trouvent établies. La catholique, composée ci-devant de deux Facultés, celle de théologie et celle de philosophie, n'avait proprement pour but que de former des sujets pour le séminaire, mais une troisième, celle de droit canon, y ayant été introduite depuis peu, cette circonstance peut servir à attirer aussi à Strasbourg des étrangers de la religion catholique. L'Université protestante est une Université complète, composée de quatre Facultés et ayant 24 professeurs qui enseignent toutes les parties des sciences.......

Si cependant le concours des étrangers n'y est pas tel que les circonstances sembleroient le promettre, on croit pouvoir en alléguer les causes suivantes ;

.... Les vices qui se rencontrent dans la constitution de l'Université.

Elle est composée de 17 professeurs ordinaires et de 7 extraordinaires. Les ordinaires sont 4 professeurs en théologie, 4 professeurs en droit, 3 professeurs en médecine et 6 professeurs en philosophie ; sçavoir : 1 professeur de droit naturel, 1 professeur de mathématiques, 1 professeur d'éloquence et d'histoire, 1 professeur de physique, 1 professeur de grec et de langues orientales, 1 professeur de logique et de métaphysique. Chaque professeur ne peut enseigner que les parties qui lui sont plus particulièrement attribuées.

Des 17 professeurs ordinaires, il y en a 13 qui ont des canonicats à Saint-Thomas, de 1,800 livres environ de revenus, lesquels, du temps de la Réformation ont été attachés à l'Université. Les 4 autres professeurs ordinaires surnuméraires ont, d'après leur ancienneté, l'expectative des premiers canonicats vacants, et se partagent, en attendant, une pension de 1,200 livres que le magistrat leur donne. Les professeurs extraordinaires n'ont ni expectatives de chaires, ni expectative de canonicat, ni pension. Ils ne sont pas même du corps de l'Université et sont exclus des délibérations de ce corps.

I. Plusieurs sciences très essentielles, créées depuis environ un siècle, n'ont pas de chaires particulières à Strasbourg, et ce sont pourtant celles que des gens de qualité recherchent préférablement à toutes autres.

Telles sont : 1° *l'histoire politique ancienne et moderne, générale et particulière ; les traités de paix ; le droit public de l'Europe ; la science des gouvernements, des mœurs et des intérêts des puissances, appelée statistique en Allemagne ; l'histoire littéraire ; les antiquités ; la diplomatique ; la héraldique.* Ces parties sont si diffuses aujourd'hui, qu'un seul homme n'y suffit plus. C'est pourtant le professeur d'éloquence et de belle littérature latine qui a lui seul toutes ces sciences dans son département. Outre que l'éloquence ne paroît pas trop compatible avec l'histoire, il est moralement impossible que le professeur chargé de toutes ces parties différentes puisse remplir sa tâche à la satisfaction du public ; à dire vrai, ces parties exigeroient chez nous une Faculté à part, qui seroit la *Faculté politique ou historique,* dans laquelle on pourrait aussi comprendre la partie qui suit :

2° *L'économie politique de l'État et les parties qui s'y rapportent.* Cette science a aujourd'hui des chaires dans toutes les Universités d'Allemagne. L'électeur palatin a fondé une Académie particulière pour y enseigner l'économie politique, et le landgrave de Hesse-Darmstadt a érigé depuis peu, dans son Université de Giessen, une cinquième Faculté nommée *Faculté économique.*

3° *L'histoire naturelle.*

4° *La belle littérature françoise et la belle littérature allemande* exigeroient aussi des chaires.

Toutes ces parties n'ayant point de chaires à Strasbourg, il en arrive, ou qu'elles n'y sont point enseignées du tout, ou qu'elles le sont superficiellement et n'ont tout au plus qu'un état précaire.

Il y auroit moyen de remédier à ce défaut en créant un certain nombre de chaires ordinaires, et en distribuant les autres parties à des professeurs extraordinaires qui en prendroient les titres. Pour augmenter le nombre des chaires ordinaires, il conviendroit d'obliger le chapitre de Saint-Thomas, dont l'économie est aujourd'hui sur un bon pied, de faire un plan d'après lequel il pourroit fonder dans un temps limité un certain nombre de chaires, ou contribueroit du moins annuellement une somme suffisante pour en assigner des pensions de 1,000 livres au moins à autant de professeurs ordinaires surnuméraires qu'on jugeroit à propos de créer. Un pareil projet feroit honneur aux lumières éclairées de MM. les supérieurs, et le chapitre de Saint-Thomas auroit tort de s'en plaindre, puisque les revenus de ce chapitre ont été de tout temps consacrés aux progrès et à l'encouragement des lettres.

On trouveroit bien aussi moyen de faire des pensions de 500 à 600 livres à des professeurs extraordinaires, dont le nombre seroit fixé et auxquels on accorderoit en outre entrée et voix délibérative dans toutes les assemblées de l'Université.

En mettant sur ce pied les professeurs extraordinaires, on pareroit au défaut et à l'insuffisance des chaires ordinaires; on se procureroit le moyen d'exciter l'émulation parmi la jeunesse, et on ménageroit à l'Université tout plein (*sic*) de bons sujets qui, par le défaut de perspective, sont forcés aujourd'hui de s'expatrier ou de renoncer du moins aux vues qu'ils pourroient former sur l'Université.......

II. Un autre vice, dans la constitution de cette Université, est le défaut d'émulation entre les professeurs.

Un moyen sûr et certain de l'entretenir seroit, si l'on s'attachoit à déraciner le monopole qui s'est emparé de cette Université, en permettant à chaque professeur, de manière que cela se pratique aux plus célèbres Universités d'Allemagne, d'enseigner indifféremment telle partie des sciences qu'il jugera à propos, outre celle qui appartient à la chaire dont il est décoré.

Un autre moyen seroit d'appeler de temps à autre quelques savants étrangers connus par leurs ouvrages ou leur manière d'enseigner, pour leur conférer des chaires.

Il n'y a guère de professeurs en Allemagne, de ceux même dont la réputation est le mieux établie, qui n'accepteroient très-volontiers des chaires à Strasbourg, surtout si les chaires surnuméraires y étoient montées sur le pied qu'on vient de dire. »

L'auteur de ce document, Koch, était Strasbourgeois de naissance. A l'époque où il enseignait à l'Université, un seul de ses

collègues, Schœpflin, égalait sa renommée. Tous deux réunissaient
au pied de leur chaire une élite intellectuelle, attirée de France et
d'Allemagne par leur érudition. Le duc de Choiseul envoya de
Paris à Strasbourg des élèves de l'École militaire pour y étudier le
droit public. Parmi ces jeunes gens, plusieurs se sont fait un nom
sous la Révolution, le Consulat et l'Empire : il suffit de citer le
comte de Ségur, Destutt de Tracy, Gérard de Rayneval, le baron
de Bourgoing, le baron Bignon. De futurs hommes d'État de l'Allemagne suivaient les mêmes leçons : Cobentzel, Clément de Metter-
nich. Gœthe, qui songeait déjà à *Faust*, était venu étudier le droit
à Strasbourg ; c'est surtout aux études d'histoire politique qu'il
s'attacha. Koch espérait le gagner à la France. Schœpflin fit sur lui
une profonde impression, dont un beau portrait, tracé bien des
années plus tard, nous conserve le souvenir [1] :

« Sans que je l'eusse approché, il avait eu sur moi une importante influence ; car les hommes éminents sont comparables aux
étoiles de première grandeur : aussi longtemps qu'ils sont au-des-
sus de l'horizon, notre œil se tourne vers eux et se sent fortifié et
formé s'il lui est accordé de voir de telles perfections. La libé-
rale nature avait donné à Schœpflin un extérieur avantageux, une
stature élancée, un regard cordial, une bouche persuasive ; sa pré-
sence tenait sous le charme. Elle ne fut pas moins généreuse pour
l'esprit de son favori, et le bonheur de Schœpflin fut, sans pénibles
efforts, la suite de qualités innées et développées dans le calme. Il
appartenait à ces natures heureuses qui sont portées à unir le
passé et le présent, qui savent rattacher la science historique à l'intérêt de la vie. Né dans le duché de Bade, élevé à Bâle et à Strasbourg, il fut amené à s'occuper de sujets historiques et archéolo-
giques ; son heureuse faculté de concevoir les saisit vivement et sa
mémoire facile les retint. Avec son amour d'apprendre et d'enseigner, il avança d'un pas toujours égal sur la route de la science et
de la vie. Le voici qui s'élève et se distingue bientôt sans interrup-
tion d'aucune espèce ; il se répand avec aisance dans le monde littéraire et dans la société : car les connaissances historiques sont à
leur place partout, et partout la bienveillance trouve à s'attacher.
Il parcourt l'Allemagne, la Hollande, la France, l'Italie ; entre en
relations avec tous les savants de son temps ; il s'entretient avec
les princes ; il n'est à charge qu'aux seuls courtisans, quand sa vive
éloquence prolonge les heures du repas ou de l'audience. En
revanche, il gagne la confiance des hommes d'État, fait pour eux

1. Gœthe, *Wahrheit und Dichtung*, 3ᵉ partie, livre XI.

les travaux les plus approfondis, et trouve ainsi partout un théâtre pour ses talents. En bien des endroits on souhaite de le retenir ; mais il persiste dans sa fidélité à Strasbourg et à la cour de France. Là aussi son incorruptible loyauté allemande est appréciée : on le protége même contre le puissant préteur Klinglin, qui le poursuit d'une inimitié secrète.........

« C'est ainsi que son activité remplit l'Alsace et les pays voisins ; dans le pays de Bade et le Palatinat, il conserve jusqu'à l'âge le plus avancé une influence qui ne diminue pas ; il fonde l'Académie des sciences de Mannheim et la préside jusqu'à sa mort.

« Je n'ai approché qu'une seule fois cet homme distingué ; une nuit où nous lui donnions une sérénade aux flambeaux. Nos torches emplissaient de fumée plus que de lumière la cour de l'antique chapitre de Saint-Thomas avec son dôme de tilleuls. Quand la musique eut cessé, il descendit et s'avança au milieu de nous ; il était là vraiment à sa place. Ce vieillard svelte, de belle taille, de figure enjouée se tenait devant nous avec une dignité pleine d'aisance ; il nous considéra assez pour nous adresser un discours bien préparé, mais sans la moindre contrainte, le moindre pédantisme, avec une amabilité paternelle. Dans ce moment, il nous sembla en quelque sorte qu'il nous traitait comme les rois et les princes qu'il était si souvent appelé à haranguer publiquement. Nous laissâmes éclater les transports de notre joie ; trompettes et cymbales retentirent à maintes reprises, puis l'aimable population académique, la jeunesse pleine d'espérance, se dispersa avec une joie intime et rentra chez elle. »

Schœpflin mourut le 7 août 1771. Koch vécut bien plus longtemps ; il assista aux dernières années florissantes de l'antique Université, subit avec elle les épreuves que lui infligea la Révolution, lui survécut enfin, et retrouva sa chaire dans la haute école réorganisée en simple Faculté provinciale.

De 1789 à 1790 la plupart des étudiants quittèrent Strasbourg. Le chiffre des inscriptions tombe immédiatement de 182 à 73. Tout d'abord, deux décrets de l'Assemblée nationale avaient pu faire espérer que les études continueraient paisiblement : le premier décret, qui exceptait de la vente des biens nationaux les possessions des communautés protestantes d'Alsace, assurait à l'Université son revenu comme par le passé. Le second, qui maintenait l'organisation et les privilèges des Universités de tout le royaume, rassurait l'école de Strasbourg et garantissait son fonctionnement. Mais bientôt la ville ne fut plus qu'un camp ; toute l'activité, toutes les préoccupations furent tournées vers une défense éventuelle. En même temps, des commissaires de la Convention furent envoyés à Strasbourg, avec mission d'échauffer le zèle républicain de la population, et surtout d'étouffer le « germanisme », qu'on craignait de voir renaître à l'approche de l'ennemi. Ce fut justement l'organisation de l'Université, ses antiques privilèges impériaux, auxquels elle s'attachait toujours, qui la rendirent suspecte. Il sembla aux conventionnels que l'un des principaux forts du « germanisme » était l'Université, le corps des professeurs. Le bâtiment ne fut pas fermé matériellement; le registre des inscriptions resta ouvert; mais il va sans dire que pendant ces années de bouleversement les pages demeurèrent presque blanches; les principaux professeurs furent arrêtés les uns après les autres : celui-ci comme modéré, celui-là comme aristocrate, cet autre comme partisan de l'Allemagne. En réalité, depuis les premières atteintes, la vieille école de Sturm, l'Université de l'empereur germanique et roi des Romains, Ferdinand II, avait cessé d'exister.

IV

Après la conquête de l'Alsace-Lorraine en 1870, l'Allemagne voulut, en rétablissant l'Université, fonder « un avant-poste de l'esprit germanique ».

Ce qu'était Strasbourg, avant-poste de la science française, M. Lavisse nous le montre par une simple comparaison, plus expressive que tous les commentaires[1]. Il raconte qu'en 1868, M. Duruy étant ministre de l'instruction publique, il fut chargé de comparer, à l'aide de documents officiels, l'enseignement dans les Facultés de Strasbourg et l'enseignement à l'Université de Bonn.

« Strasbourg avait cinq Facultés, dont chacune avait son chef, le doyen, nommé par le ministre; des professeurs titulaires et des chargés de cours correspondant à peu près aux professeurs ordinaires et extraordinaires de Bonn ; dans deux Facultés seulement, celles de droit et de médecine, des agrégés qui ne rappelaient qu'imparfaitement les *privat-docenten* allemands. Mais Strasbourg n'avait que les éléments d'une Université : ses cinq Facultés vivaient côte à côte, inconnues et indifférentes les unes aux autres.

1. V. la *Note sur l'Université allemande de Strasbourg* qui suit la brochure de M. Lavisse sur la *Fondation de l'Université de Berlin*. Hachette, 1876.

Seul, M. Fustel de Coulanges, qui est aujourd'hui l'une des gloires
de l'enseignement supérieur parisien, et qui alors enseignait l'histoire à la Faculté des lettres de Strasbourg, faisait une conférence
dont le sujet intéressait et attirait les étudiants en droit.

« Parmi les Facultés de Strasbourg, celles de droit et de médecine
soutenaient assez bien la lutte avec leurs rivales de Bonn; mais la
comparaison devenait humiliante quand elle mettait en regard de
la Faculté de philosophie de Bonn les Facultés des lettres et des
sciences de Strasbourg.

« Strasbourg avait 11 professeurs à opposer aux 53 professeurs
de Bonn.

« Strasbourg avait 1 cours de philosophie; Bonn en avait 15!

« Strasbourg avait 1 cours de littérature; Bonn en avait 11!

« Strasbourg avait 1 cours d'histoire; Bonn en avait 6!

« Strasbourg n'avait pas un seul cours sur les arts; Bonn en
avait 5!

« Strasbourg n'avait pas un seul cours de philologie; Bonn en
avait 11!

« Strasbourg avait, au total, pour sa Faculté des lettres, 5 cours,
représentant 14 heures d'enseignement par semaine! Bonn avait
48 cours, représentant 132 heures d'enseignement!

« Strasbourg donnait aux sciences mathématiques 6 heures d'enseignement par semaine, pour deux cours; Bonn, 34 heures d'enseignement, pour 10 cours!

« Strasbourg donnait à la physique et à la chimie 11 heures, pour
2 cours; Bonn, 119 heures, pour 10 cours!

« Strasbourg donnait aux sciences naturelles 6 heures, pour
2 cours; Bonn, 70 heures, pour 18 cours!

« Au total, 6 cours et 23 heures d'enseignement scientifique à
Strasbourg; 38 cours et 223 heures à Bonn!

« Il n'est pas besoin de dire que, sur un tel nombre d'heures
employées dans l'Université allemande, il en est beaucoup où le
maître fait travailler l'élève sous sa direction, et que son enseignement n'est pas, comme le nôtre, un perpétuel monologue.

« Bonn avait des séminaires royaux de philologie, de physique,
de mathématiques, d'histoire! Strasbourg n'en avait aucun! Et
cependant c'est dans ces séminaires que se fait l'heureuse alliance
du travail du maître et du travail de l'élève. La fécondité de la
science allemande s'explique par cette association de l'intelligence
et du labeur. Le professeur allemand qui a dirigé pendant vingt
ans un séminaire d'histoire a fondé une école historique. Où sont
nos écoles historiques? Où est le maître entouré d'auxiliaires qui

seront ses continuateurs ? Le professeur de Strasbourg, réduit à
ses seules forces, pouvait-il lutter contre le professeur de Bonn,
entouré de sa légion ?

« Enfin, à Bonn, maîtres et élèves avaient à leur disposition tous
les instruments de travail, dans ces annexes de l'Université que les
Allemands appellent *disciplinarum apparatus et instituta*, à savoir :
une bibliothèque académique ; un cabinet de lecture ; plusieurs
grands laboratoires de médecine, de pharmacie, de physique, de
chimie ; un musée minéralogique, zoologique ; un jardin botanique ;
un musée d'antiquités rhénanes, etc. Strasbourg avait de misérables laboratoires pour lesquels le recteur sollicitait une allocation
de 1,500 francs, destinée à l'achat de substances chimiques. Il
manquait, entre autres livres, à la bibliothèque de la Faculté, un
Corneille, un Fénelon, un Bossuet ; or, pour l'acquisition de livres
nouveaux, il était ouvert à la Faculté un crédit annuel de 100 francs,
sur lequel devaient être prélevés les frais de reliure ! »

Les Allemands n'employèrent que dix-huit mois pour organiser
provisoirement l'Université, qui fut inaugurée en 1872.

Cette installation, provisoire au point de vue matériel, était définitive dès le premier jour quant aux cadres d'enseignement. Les
matières étaient réparties en cinq Facultés : celle de Théologie, avec
6 professeurs ordinaires et 4 extraordinaires ; celle de Droit et de
sciences politiques, avec 10 professeurs ordinaires et 3 extraordinaires ; celle de Médecine, avec 14 professeurs ordinaires et 1 extraordinaire ; celle de Philosophie, avec 18 professeurs ordinaires et
5 extraordinaires ; celle de Mathématiques et Histoire naturelle,
avec 11 professeurs ordinaires et 6 extraordinaires : en tout, 59 professeurs ordinaires et 19 extraordinaires, sans compter tous les
privat-docenten qui complètent un personnel enseignant presque
égal à celui de Bonn et de Gœttingue, supérieur à celui de Heidelberg [1].

A plusieurs de ces professeurs l'administration de l'Université
avait promis, pour les attacher d'une manière durable, une installation définitive selon leurs vœux, des instituts scientifiques et des
laboratoires pourvus d'un matériel hors ligne. Rien ne devait être
épargné pour les tenir à la hauteur des découvertes les plus récentes
et les mettre à même de travailler efficacement aux progrès des
sciences. Rien ne doit être épargné en effet, comme va le prouver le

---

1. Bonn a 55 professeurs ordinaires et 25 extraordinaires ; Gœttingue a 60 professeurs ordinaires et 28 extraordinaires ; Heidelberg a 40 professeurs ordinaires et 24 extraordinaires.

projet d'agrandissement de l'Université, véritable projet de réno-
vation, présenté par le curateur de l'Université dans la 3ᵉ session
(1877) de la Délégation provinciale d'Alsace-Lorraine [1].

Au printemps de 1872, on avait, faute de place, installé l'Université tant bien que mal dans plusieurs bâtiments trop distants les
uns des autres. Le rectorat, la questure, le secrétariat, les salles
de cours de la Faculté philosophique, la bibliothèque, le *curatorium*,
occupèrent l'ancien château impérial, voisin de la cathédrale. On
construisit un laboratoire auprès de l'ancienne Académie, qui fut
affectée aux deux Facultés de droit et sciences politiques, mathématiques et sciences naturelles, moins la minéralogie et la zoologie,
qui trouvèrent ailleurs une hospitalité provisoire. Le siège de la
Faculté de médecine fut le bâtiment de l'ancienne Faculté française et l'hôpital civil, qui manque de place pour la clinique d'accouchement. Cette clinique fut donc installée, assez loin de là, rue
de la Nuée-Bleue. La policlinique est dans le voisinage. L'institut
physiologique et pharmacologique se trouve place de l'Hôpital.
L'ancien séminaire protestant a gardé la Faculté de théologie.

Les inconvénients de cette dispersion se comprennent d'eux-
mêmes, l'un des principes de l'organisation universitaire étant la
réunion de toutes les Facultés, la réunion la plus étroite, figurée
matériellement par un bâtiment unique, de telle sorte que les étudiants puissent sans difficultés ni perte de temps suivre à la fois
divers ordres d'enseignement. Mais aucun bâtiment de Strasbourg
n'en peut recevoir l'ensemble ; dans la ville même, aucun terrain
n'est assez vaste pour y construire une Université nouvelle. On
avait en vue un emplacement hors des remparts, au sud, près de
l'hôpital civil, qui doit être voisin de la Faculté de médecine à cause
des cliniques et de l'anatomie. Mais élargir l'enceinte de ce côté,
uniquement pour l'Université, serait une dépense municipale trop
forte. On n'a donc construit vis-à-vis de l'hôpital que les établissements nécessaires à la Faculté de médecine. Pour les autres Facultés, on a fait choix d'un terrain situé au nord de la ville, hors la
porte dite des Pêcheurs. Ainsi la future Université sera à une distance de vingt minutes de la Faculté de médecine, et le bâtiment
de l'Académie renfermant le musée d'histoire naturelle sera entre
les deux.

L'établissement hors la porte des Pêcheurs est conçu d'après le
plan suivant :

---

1. *Verhandlungen des Landesausschusses von Elsass-Lothringen*,
IIIᵉ session, Februar-März 1877. Strassburg, J. Schneider.

1° Un bâtiment unique contenant : *a*) les différents services administratifs : *curatorium*, sénat académique, questure, avec un logement pour le questeur et les officiers de la police académique (*pedelle*) ; *b*) la théologie, le droit et les sciences politiques, les mathématiques, avec les séminaires et les collections, à savoir : 3 séminaires pour la théologie ; 2 pour le droit ; 8 pour la philosophie ; 2 pour les mathématiques et les sciences naturelles ; — des collections pour l'archéologie, l'égyptologie, l'art chrétien primitif, l'histoire de l'art. Ce bâtiment doit avoir 14 salles de cours (*auditoria*), trois étages, et être distribué de telle sorte que les salles dans lesquelles le mouvement et le va-et-vient doivent être continuels, salles de cours, séminaires, secrétariat, questure, soient aux étages inférieurs, tandis que les collections occuperaient les étages supérieurs.

Un certain nombre de bâtiments séparés recevront les différents instituts et seront différemment aménagés selon les méthodes de recherches de chaque science, la nature de chaque enseignement ou des maladies qui y seront soignées. Il y aura :

Un institut de physique. — Un institut de chimie. — Un institut botanique. — Un institut d'astronomie. — Un institut pharmaceutique. — Un seul bâtiment pour la zoologie, la minéralogie, la géognosie, la paléontologie, la pétrographie. — Une salle de gymnastique et d'escrime. — Enfin, pour les besoins des divers services, un gazomètre et des réservoirs d'eau.

L'établissement situé hors la porte de l'Hôpital, et dont une partie a été achevée et inaugurée en octobre 1877, renferme, outre une pharmacie, des cuisines et des chambres pour les malades qui n'entrent pas dans les cliniques :

Une école pratique d'anatomie et des salles d'anatomie pathologique. — Une clinique de chirurgie. — Une clinique psychiatrique. — Une clinique ophthalmiatrique. — Une clinique d'accouchement. — Un institut physiologique. — Un institut chimico-physiologique.

Telles sont les grandes lignes du plan que l'on a déjà commencé d'exécuter. Sur chacune de ses parties accomplies ou projetées nous allons donner les détails nécessaires pour bien faire comprendre l'étendue de l'œuvre entreprise et les grands changements que subira l'organisation actuelle.

L'institut de physique dont on veut doter la nouvelle Université renfermera des locaux distincts : pour les recherches purement scientifiques, — pour les cours et les exercices pratiques, — pour les instruments et collections ; — plus, des chambres de service

(*Dienstwohnungen*) pour le professeur-directeur, deux préparateurs
et deux domestiques; — plusieurs salles de cours, dont la plus
grande pourra contenir 150 auditeurs. On ajoutera au bâtiment
une tour pour y faire des observations de physique astronomique,
ainsi que des locaux, situés aux quatre coins, pour travaux météoro-
logiques et photographiques.

L'institut de chimie sera moins considérable. Il renfermera au
rez-de-chaussée deux grandes salles d'environ 62 places pour les
commençants, et deux autres salles d'environ 44 places pour les
étudiants plus avancés. On y adjoindra une suite de petits locaux
distincts pour certains travaux ou la manipulation de certaines
substances : ainsi il y aura une chambre spéciale pour le gaz hydro-
gène sulfuré, une salle pour l'analyse spectrale, une autre pour les
expériences produisant des gaz méphitiques, un local particulier
pour les travaux qui demandent de grands appareils, etc. Dans les
caves se feront certaines préparations dangereuses et les travaux
de cristallisation. Il y aura, enfin, une bibliothèque; deux *auditoria*,
l'un pour 150, l'autre pour 80 élèves, situés aux deux extrémités du
premier étage : l'espace qui les sépare est destiné aux collections
de chimie, de technologie, et aux instruments.

L'institut de botanique contiendra deux grands laboratoires bien
éclairés, situés l'un vers le nord, l'autre vers le sud; une serre
chaude; des salles de travail pour le professeur-directeur et ses
collègues; une petite salle de cours; au rez-de-chaussée, une plus
grande pour 100 auditeurs; une bibliothèque; une collection de
plantes, et un logement pour le directeur, un assistant et un
domestique. Un jardin botanique de 3 hectares 60 sera contigu
au bâtiment, avec des serres dont la plus grande sera divisée
en plusieurs parties, chauffée chacune à une température diffé-
rente.

L'institut astronomique sera disposé de manière à avoir un
horizon très étendu, surtout vers le nord et le sud. Il contiendra
un *auditorium*, une bibliothèque, une salle de travail pour le directeur, une salle pour les aides, un musée, et les principaux instruments d'observation. Une tour sera construite pour la plus grande
lunette. Les logements pour le professeur-directeur, deux aides-
astronomes et deux domestiques, seront placés à distance de l'institut, afin que la fumée ne nuise pas aux observations.

L'institut de pharmacie sera sur le modèle de l'institut de chimie,
mais il aura des proportions plus modestes. On ne lui attribue
que deux étages et un emplacement de 150 mètres carrés seulement.

Les instituts pour la zoologie, la minéralogie, la géognosie, la paléontologie et la pétrographie seront réunis dans un bâtiment unique qui occupera à peu près 1,580 mètres carrés, et sera organisé d'une façon analogue aux précédents.

Revenons maintenant à la Faculté de médecine (porte de l'Hôpital).

Le bâtiment de l'anatomie a été inauguré, comme nous l'avons dit, en octobre 1877. C'est une construction vaste, divisée en sections pour l'anatomie physiologique et l'anatomie pathologique, les dissections, les travaux au microscope. Il y a de plus des salles de travail et une salle de cours. Cet *auditorium* a été installé suivant le principe adopté dans les Facultés de médecine allemandes pour les locaux de ce genre. C'est une salle plus haute que large, de telle sorte que les élèves qui occupent les derniers gradins ne soient pas trop éloignés du sujet anatomique et puissent suivre dans le détail la démonstration du professeur. Les bancs sont pourvus de tablettes, ce qui invite à prendre des notes. Leur disposition permet de faire circuler de main en main les pièces qui doivent être examinées de près. Les détails d'installation ont leur importance et leurs avantages; pour l'arrangement des locaux scientifiques, il n'est pas inutile que l'avis du professeur s'ajoute au devis de l'architecte. La clinique chirurgicale, projetée pour 120 lits, se composera de trois bâtiments dont les rez-de-chaussée seront réunis par d'étroits corridors. Deux de ces bâtiments auront deux étages; le principal en aura trois. Dans ce dernier, l'étage inférieur sera affecté à l'enseignement et à la policlinique; les deux autres, au traitement des malades seulement. Il y aura quelques chambres spéciales pour les malades qu'il faut séparer des autres, les convalescents et les enfants. De larges terrasses permettront aux convalescents de prendre l'air.

La clinique psychiatrique doit recevoir 100 à 120 malades, dont 30 épileptiques. Cet établissement sera construit en forme de fer à cheval. Les fous furieux seront traités dans un corps de bâtiment isolé, pouvant recevoir jusqu'à 16 personnes. Enfin on aménagera des jardins pour les différentes catégories de malades.

La clinique ophthalmiatrique trouve un emplacement convenable sur le terrain de l'hôpital. En voici la distribution : au rez-de-chaussée, salle de cours, chambre d'observations microscopiques, clinique, chambres pour le professeur-directeur et deux aides. Les malades occuperont, aux deux étages supérieurs, une série de petites chambres renfermant en tout 50 lits. A chaque étage, vers le nord, une petite salle d'opérations.

C'est la clinique d'accouchement qui aura le plus d'extension. Elle sera aménagée comme la clinique chirurgicale, mais les salles seront plus petites : elles ne contiendront que 5 lits, tandis que celle-là aura de 12 à 16 lits par salle. Il y aura une grande pièce pour les accouchements, une autre salle d'opérations, et un *auditorium* spacieux. Suivant le plan que nous résumons, cette clinique recevrait 49 accouchées bien portantes, 10 accouchées malades, 28 femmes enceintes, 28 femmes atteintes de diverses maladies, et environ 28 élèves sages-femmes. Les différentes sections seront complètement séparées les unes des autres.

La clinique médicale restera à l'hôpital.

La clinique pour maladies vénériennes et cutanées sera également installée dans un bâtiment de l'hôpital.

Les établissements physiologiques seront élevés dans le voisinage. Voici ce qu'ils contiendront :

L'institut physiologique demande en premier lieu de grandes salles pour observations, vivisections et autres expérimentations sur les animaux ; des salles de travail pour essais chimiques et physiques ; un *auditorium ;* des collections ; une bibliothèque ; des chambres pour le professeur-directeur, un aide et un domestique. On entourera l'institut d'une sorte de petit jardin zoologique.

L'institut chimico-physiologique demande la même disposition des locaux qu'un laboratoire de chimie. On projette de lui assigner la moitié de l'emplacement destiné à l'institut de chimie.

Si la réalisation de ce projet suit son cours sans retard, l'ouverture des instituts aura lieu successivement aux époques ci-après indiquées :

On espère que les instituts de physique, chimie, botanique, et l'observatoire, seront terminés au plus tard en automne 1880.

En supposant qu'on ait les moyens nécessaires, on activerait les travaux du grand bâtiment de l'Université, de manière à ce qu'il fût achevé en automne 1882.

La clinique chirurgicale serait probablement ouverte beaucoup plus tôt, vers la fin de la présente année 1879.

Les frais de ce projet correspondent à sa conception. On veut n'épargner aucune des ressources que réclament l'enseignement le plus étendu, les recherches les plus variées et les plus minutieuses. Il faudra n'épargner également aucun sacrifice d'argent.

Voici, chapitre par chapitre, l'évaluation des dépenses :

I. BATIMENTS ACADÉMIQUES PRÈS LA PORTE DES PÊCHEURS.

1. Achat des terrains	1,382,000	marks [1]
2. Aménagement des terrains (évaluation approximative)	320,000	—
3. Bâtiment principal	2,300,000	—
4. Institut de physique	550,000	—
5. Institut de chimie	610,000	—
6. Institut de botanique	500,000	—
7. Institut astronomique	500,000	—
8. Institut de pharmacie	150,000	—
9. Institut zoologique, etc.	500,000	—
10. Pavage	50,000	—
11. Clôtures	40,000	
12. Travaux de desséchement	12,000	—
13. Réservoirs et conduites d'eau	63,000	—
14. Appareils à gaz	54,000	—
15. Salle de gymnastique et d'escrime . .	60,000	—
16. Dépenses générales, spécialement pour les jardins, la direction des constructions. — Dépenses imprévues	409,000	—

7,500,000 mks ou 9,375,000 fr.

II. CLINIQUES, INSTITUTS ANATOMIQUE ET PHYSIOLOGIQUE.

1. Clinique chirurgicale	550,000	—
2. Clinique psychiatrique	150,000	—
3. Clinique ophthalmiatrique	290,000	—
4. Clinique d'accouchement	600,000	—
5. Institut physiologique	270,000	—
6. Institut chimique-physiologique . .	320,000	—
7. Dépenses générales pour aplanissement des terrains, plantations d'arbres et clôtures	10,000	—
Direction des constructions	75,000	—
Dépenses imprévues	135,000	—

2,700,000 mks ou 3,375,000 fr.

III. Pour intallation *provisoire* de l'institut pharmaceutique, zoologique, minéralogique, géognostique, paléontologique et pétrographique dans le bâtiment de l'Académie après l'aménagement de la chimie, de la physique et de la botanique dans ses nouveaux locaux, environ . . . . . . 150.000 marks.

[1]. Le mark vaut 1 fr. 25.

IV. Frais du bureau de construction pour la préparation des projets depuis 1878 jusqu'à complet achèvement de ces projets, environ. . : 150,000 marks.

RÉCAPITULATION.

I.	7,500,000	mks ou	9,375,000	fr.
II.	2,700,000	— ou	3,375,000	—
III.	150,000	— ou	187,500	—
IV.	150,000	— ou	187,500	—
	10,500,000	mks ou	13,125,000	fr.

Dix millions cinq cent mille marks ! On devine que ce chiffre a donné à réfléchir à la Délégation d'Alsace-Lorraine, qui vote les budgets ordinaires ou extraordinaires de l'Université. Le plan administratif que nous venons d'exposer, et surtout le devis qui l'accompagne, ont donné lieu à une importante discussion. Voici la partie principale, qui est instructive à plus d'un égard [1].

« .....*M. Kœchlin.* D'une part, il ne faut pas méconnaître qu'un agrandissement de l'Université est nécessaire ; mais d'autre part, le projet nous indique pour les nouveaux bâtiments académiques une dépense de 10,500,000 marks.....

« La clinique chirurgicale, pour laquelle nous avons accordé l'année dernière, comme première allocation, 200,000 marks, était évaluée à 400,000 : aujourd'hui il est reconnu qu'elle en coûtera 550,000, c'est-à-dire 150,000 marks de plus.....

« L'année dernière nous avons voté aussi pour la construction d'une clinique psychiatrique 415,000 marks ; on n'a pas trouvé le terrain nécessaire, et la somme susdite, au lieu d'être affectée à une clinique des maladies mentales, servira à établir un institut de physique dont les frais s'élèveront, d'après le plan que nous avons sous les yeux, à 550,000 marks. L'année dernière, ainsi que je l'ai dit plus haut, nous avons donné la somme de 700,000 marks, et maintenant on nous demande 800,000 marks pour compléter les dépenses de l'année écoulée et faire les constructions les plus pressantes. D'après un aperçu des ressources pécuniaires à notre disposition, nous devons couvrir avec cet argent des dépenses qui se montent à 5,020,000 marks, y compris l'acquisition d'un terrain de 14 hectares. Les moyens disponibles sont donc passablement engagés déjà, et, dans ces conditions, nous sommes bien fondés à con-

<hr>

1. *Verhandlungen des Landesausschusses von Elsass-Lothringen,* IIIe session. — Februar-März 1877. — 11e séance, 28 février, p. 181 et suiv.

sidérer l'avenir avec inquiétude, et à nous demander ce qui est à faire dans les circonstances présentes.

« Sans doute, à propos de l'érection d'une Université, c'est chose délicate que de dire : A tel ou tel égard on va trop loin. Mais enfin il y a une borne à toute chose, et les projets qui nous sont soumis dépassent nos ressources et ne sont nullement en proportion avec un petit pays d'un million et demi d'habitants : je crois donc que pour les nouveaux bâtiments on doit adopter une plus petite échelle. Quand les diverses constructions et installations seront achevées, les exigences des professeurs seront encore loin d'être satisfaites. Ils réclameront l'achat de collections, d'appareils, d'instruments, de matières de toute espèce ; et quand enfin on se sera procuré tout cela, nous aurons encore à mettre en ligne de compte les frais énormes que nécessite la conservation d'une pareille réunion de bâtiments.

« On dit que l'Empire accorde à l'Université 400,000 marks par an : mais sommes-nous sûrs que cette allocation sera continuée ? Le Reichstag ne peut-il l'annuler par une simple décision ? D'ailleurs nous sommes sur un chemin dangereux, et nous devons faire halte résolûment. Considérée du point de vue alsacien-lorrain, l'Université doit servir à former des employés, des juges, des avocats, des savants, etc. Mais des techniciens et, en général, des travailleurs pratiques sont aussi nécessaires, et pour ceux-là nous aurons encore à créer une école polytechnique.....

« On devrait donner lieu au gouvernement de déclarer qu'il ne va pas au delà du strict nécessaire, et qu'il différera la construction de nouveaux instituts jusqu'à ce que nous sachions dans quelle mesure l'Empire contribuera aux dépenses. Nous avons jusqu'ici reçu de l'Empire : une fois 1,500,000 marks, et plus tard 4,500,000 marks en bons sur la caisse de l'Empire ; cette dernière somme ne coûte rien à l'Empire : elle forme la part dévolue à l'Alsace-Lorraine d'après le chiffre de la population.

« Je résume : il faut engager le gouvernement, pour ce qui est des établissements projetés près de l'hôpital, à ne pas dépasser les crédits engagés jusqu'ici, et, quant aux constructions près la porte des Pêcheurs, d'attendre jusqu'à ce que l'Empire ait déclaré quelle allocation il accordera dorénavant.

— « *Le commissaire du gouvernement, curateur de l'Université, Ledderhose :*..... Je dois répondre aux différentes remarques de M. Koechlin, spécialement ce qui suit :

« D'abord, pour ce qui est de la clinique chirurgicale, évaluée l'année dernière à 450,000 marks, et dont les frais sont portés aujourd'hui à 550,000 marks, on doit observer qu'il ne s'agissait pas alors du projet particulier d'aujourd'hui ; il apparaît maintenant que la dépense primitivement supposée ne peut suffire pour l'érection de cette clinique.

« M. Kœchlin a remarqué ensuite que l'on n'a rien dépensé pour la clinique psychiatrique. Il en est ainsi parce que, d'abord, on avait l'espoir d'obtenir un emplacement du comité des fortifications ; mais comme il ne s'est pas prêté à cet arrangement et qu'on n'a pu trouver un autre terrain, on a pendant ce temps substitué l'institut de physique, ajourné la construction de la clinique des maladies mentales, et l'on s'accommodera d'un arrangement provisoire, autant que cela sera possible.

« Si M. Kœchlin trouve la dépense totale trop forte pour le pays, je ferai remarquer que l'Université de Strasbourg se trouve dans une position exceptionnelle. Nous devons faire ici en dix ans une œuvre pour laquelle en d'autres pays on a employé des siècles ; et, si l'on additionne ce que d'autres Universités ont coûté depuis leur fondation jusqu'aujourd'hui, on ne trouvera pas excessifs les crédits employés à l'établissement de Strasbourg, surtout si l'on considère qu'ils sont répartis sur une période de plusieurs années. M. Kœchlin a dit ensuite que, plus tard, les frais d'entretien de l'Université dépasseraient les ressources du pays : à ce propos je pourrais rappeler que le duché de Bade, qui compte à peu près le même nombre d'habitants que l'Alsace-Lorraine, possède *deux* Universités et leur alloue chaque année, sur son propre budget 700,000 marks.....

« Quand M. Kœchlin déclare que l'administration doit s'engager à ne pas continuer les constructions si les moyens nécessaires ne sont pas disponibles, je n'ai qu'un mot à répondre : cela se comprend de soi-même! D'ailleurs la question sera discutée au Reichstag, qui vient d'autoriser la construction du grand bâtiment des cours et s'intéresse beaucoup à l'Université de Strasbourg. Pour l'instant, nous nous contentons d'employer les ressources qui sont à notre disposition.

« *M. Klein.* Je ne suivrai pas M. Kœchlin dans ses évaluations, mais je crois qu'il va trop loin ; je ne comprends pas, en effet, pourquoi on ne s'engagerait pas pour une dépense montant à 4,500,000 marks, quand cette somme est spécialement destinée à l'Université. Il ne s'agit pas en ce moment d'organiser sur une échelle plus ou moins grande les instituts appartenant à l'Université ; il s'agit de tout autre chose : de l'existence même de l'Université ; en effet, si l'on n'achève pas les constructions nécessaires, promises aux professeurs quand ils ont été appelés ici, les savants éminents que notre Université possède et qui (nous pouvons le lire tous les jours) reçoivent des autres Universités les offres les plus brillantes, ces savants quitteront Strasbourg, et l'Université, au lieu de fleurir, languira et finira par périr. Sans doute nous aurons encore des professeurs, mais de seconde, de troisième catégorie. Il y a trois ans, peu de temps après sa fondation, l'Université comptait 200 étudiants; aujourd'hui nous en voyons 700, et de toutes les nations; ces chiffres ne prouvent-ils pas assez clairement que notre jeune Université s'est déjà acquis un renom universel?.......

« *M. Kœchlin.* Il ressort du débat que l'un des partis que j'ai proposés, à savoir de suspendre les travaux, ne peut être adopté; je maintiens donc l'autre parti : examiner encore une fois l'ensemble des plans et des devis, et réduire sérieusement les dépenses projetées.

« La Clinique chirurgicale n'est pas encore achevée; le bâtiment de l'Institut de chimie n'est pas encore commencé; il ne sera donc pas difficile de modifier les projets dans le sens que j'ai indiqué; je dépose donc la proposition suivante :

« La délégation invite le gouvernement à réviser et à restreindre les projets qui lui ont été soumis, dans leur ensemble et dans leurs détails, ainsi qu'à diminuer notablement les dépenses nécessaires à l'exécution desdits projets. »

A la fin de la discussion, cette proposition est adoptée par 14 voix contre 12, sur 26 votants.

Pour faire comprendre l'état des finances de l'Université, il faut remonter de quelques années en arrière, et résumer, avec les principaux chiffres à l'appui, les dépenses déjà faites, celles qui concernent les travaux déjà commencés, et les deux sources où l'administration universitaire a puisé. En 1873, une somme de 1,500,000 marks a été allouée, à titre extraordinaire, à l'Université : premier fonds.

Avec les intérêts, cette somme s'élevait, en 1877, à 1,607,112 marks, sur lesquels on dépensa, jusqu'à la fin de 1876, pour toutes les installations provisoires, 1,428,832 marks.

De ce fonds, il ne reste donc que 179,079 marks.

Le deuxième fonds a été signalé plus haut : ce sont les bons sur la caisse de l'Empire (*Reichskassenscheine*), soit une somme de 4,384,693 marks, qui, avec les intérêts, etc., s'élève à 5,080,126 marks. En ajoutant le reliquat du premier fonds, on arrive au total de 5,259,206 marks.

C'est avec ces ressources que l'on a commencé l'exécution du vaste projet que nous avons exposé.

L'achat du terrain (porte des Pêcheurs), les constructions les plus nécessaires : Instituts de chimie, de physique, de chirurgie, de botanique, l'Observatoire; les frais des travaux; les bâtiments déjà élevés porte de l'Hôpital; les diverses installations pour le gaz, l'eau, le pavage, sont évalués à 5,020,000 marks.

Pour le détail, il suffit de se reporter au devis que nous avons donné plus haut.

Restent 240,000 marks environ, et l'on se souvient que l'ensemble du plan réclame une dépense de plus de 10,000,000 de marks. C'est donc encore 5,000,000 de marks à trouver!

Dans la session d'hiver 1877, l'administration présente à la Délégation d'Alsace-Lorraine un mémoire [1] énumérant les moyens espérés pour se procurer les millions nécessaires.

Lors de la ratification du budget d'Alsace-Lorraine pour 1878, le Reichstag a « invité le chancelier à considérer s'il ne faudrait pas allouer sur les fonds de l'empire 2,300,000 marks pour le grand bâtiment de l'Université, et, dans ce but, inscrire au budget de 1878-79 un premier crédit de 600,000 marks, en supposant que le reste des dépenses pour l'érection convenable et digne de l'Université soit supportée par l'Alsace-Lorraine ».

La somme que l'Alsace-Lorraine aurait à fournir, serait donc, en ce cas, réduite de 5,240,000 marks à 2,940,000.

Selon l'administration, cette dépense pourrait être facilement répartie en cinq années, si l'on tient compte des époques fixées pour l'achèvement des différents bâtiments. Chaque année, le pays donnerait une contribution de 600,000 marks.

La commission d'instruction publique de la Délégation d'Alsace-Lorraine négocia avec l'administration de la ville de Strasbourg et obtint de celle-ci une allocation extraordinaire de 600,000 marks, ce qui diminue encore le chiffre des contributions que le reste du pays aura à fournir.

En conséquence, dans la session de décembre 1877 [2], la délégation d'Alsace-Lorraine a réglé définitivement la question ainsi qu'il suit, en votant une résolution présentée par le curateur de l'Université :

« En cas que la somme de 2,300,000 marks soit allouée sur les

1. *Verhandlungen des Landesausschusses von Elsass-Lothringen,* IVe session. — Dezember 1877. 1e Band, p. 159.

2. *Verhandlungen des Landesausschusses von Elsass-Lothringen,* IVe session. — Dezember 1877. 2e Band, p. 91.

fonds de l'Empire pour le principal bâtiment de l'Université, l'Alsace-Lorraine se charge des dépenses à acquitter, après le versement du crédit accordé par la ville de Strasbourg, et s'engage, dans ce but, à fournir la somme de 2,400,000 marks, répartie en six contributions de 400,000 marks chacune, à partir du 1" janvier 1879. Si la contribution de la ville ne pouvait s'élever au chiffre de 600,000 marks, le pays ajoutera une septième contribution pour compléter cette somme. »

Voici pour les dépenses extraordinaires nécessitées par l'agrandissement de l'Université. Le budget suivant donnera un exemple de la manière dont elle administre ses finances, appointe ses professeurs, dote ses instituts et ses séminaires.

APERÇU DES RECETTES ET DÉPENSES ORDINAIRES DE L'UNIVERSITÉ
DE STRASBOURG POUR L'ANNÉE 1878.

Recettes.

TITRE I. — *Fondations.*

1. Contribution de la fondation de Saint-Thomas aux frais d'entretien de la Faculté de théologie. . . . . 12,885 mks.
2. Rentes de fondations pour bourses et prix académiques, et contribution de la caisse de secours pour les malades académiques . . . . 10,428 —

TITRE II. — *Droits universitaires.*

1. Immatriculations. . . . . 6,120 —
2. Droits pour certificats de départ (Abgangs zeugnisse). . . . 3,340 —
3. Vente du programme des cours et de l'état nominatif des professeurs et étudiants . . . . 440 —

TITRE III. — *Recettes particulières de certains instituts de l'Université*

1. Contribution de la ville aux frais de la policlinique . . . . . 1,200 —
2. Contribution de la ville à l'entretien du jardin botanique. . 320 —
3. Contribution des étudiants qui fréquentent l'institut de chimie . . . . 1,260 —
4. Abonnements à la salle de lecture de la bibliothèque . . . . 3,370 —

TITRE IV. — *Loyers.*

Contributions du questeur, des comptables, de la caisse universitaire, du commissaire (*Kommissarischer Diener*) de la policlinique, des deux servants de l'institut anatomique et du premier servant de l'institut chimique, pour logements de service . . . . 1,020 —

A reporter . . . . . . 40,383 mks.

TITRE V. — *Recettes diverses.*

Report.	40,383 mks.
1. Appointements supplémentaires au professeur faisant partie de la commission pour l'exploration géologique de l'Alsace (pris sur les fonds du budget de commerce, d'industrie et d'agriculture).	2,100 —
2. Appointements supplémentaires du questeur et des comptables de la caisse universitaire pour leur concours à l'administration de la caisse de la bibliothèque, (pris sur les fonds du budget de la bibliothèque)	600 —
3. Contribution de la bibliothèque à l'administration de la caisse universitaire.	90 —
4. Donné par un pedell, dix domestiques et un jardinier chef pour frais de combustible	864 —
5. Autres recettes.	25 —
TOTAL DES RECETTES	44,062 mks.

Dépenses.

TITRE I. — *Administration de l'Université.*

1. Rémunération du curateur.	3,000 mks.
2. Supplément (au traitement de professeur) pour le recteur et les doyens	3,600 —
3. Rémunération du syndic.	300 —
4. Appointements du questeur et des comptables	5,180 —
5. Appointements du secrétaire du *curatorium* et du contrôleur de la caisse	4,500 —
6. Traitement du secrétaire de l'Université.	5,100 —
7. Traitement de l'assistant à la caisse (*Kassen-Assistent*) .	2,100 —
8. Traitement du préposé à la chancellerie	2,250 —
9. Rémunération de l'architecte de l'Université.	600 —
10. Appointements pour six *Pedelle*	9,600 —
11. Supplément de traitement pour le *Pedell* en chef (*Ober-Pedell*)	300 —
12. Au *Pedell* en chef, indemnité pour la vente du programme des cours	44 —
13. Rémunération pour écritures extraordinaires; autres dépenses imprévues.	6,000 —

TITRE II. — *Traitement des professeurs.*

1. *Faculté de théologie* : pour 6 professeurs ordinaires et 4 professeurs extraordinaires, de 2,500 à 7,200 mks. . . .	42,100 —
A reporter	84,674 mks.

Report. . . . . 84,674 mks.

2. *Faculté de droit et sciences politiques :* pour 10 professeurs ordinaires et 3 professeurs extraordinaires, de 3,000 à 13,500 mks. . . . . 102,900 —

3. *Faculté de médecine :* pour 14 professeurs ordinaires et 1 professeur extraordinaire de 2,400 à 13,500 mks . . . . 129,900 ·

4. *Faculté de philosophie :* pour 18 professeurs ordinaires et 5 professeurs extraordinaires, de 1,800 à 10,500 mks, et pour 3 lecteurs à 1,500 mks . . . . 136,900 —

5. *Faculté de mathématiques et sciences naturelles :* pour 11 professeurs ordinaires et 6 professeurs extraordinaires, de 2,000 à 12,900 mks. . . . . 112,000 —

6. Pour différents maîtres et dépenses imprévues . . . . 4,000 —

Titre III. — *Dépenses matérielles.*

1. Pour nettoyages, éclairage, chauffage . . . . 26,000 —
2. Frais de bureau. . . . . 1,200 —
3. Entretien des bâtiments et du matériel . . . . 12,000 —
4. Impôts, frais de transport, frais de correspondance, etc. . 9,000 —

Titre IV. — *Allocations aux divers instituts.*

1. Séminaire de droit . . . . 1,200 —
2. Séminaire de sciences politiques . . . . 1,200 —
3. Institut anatomique . . . . 13,900 —
4. Institut chimico-physiologique . . . . 7,900 —
5. Institut pharmacologique . . . . 6,950 —
6. Institut physiologique . . . . 8,200 —
7. Établissement pathologique . . . . 10,650 —
8. Clinique médicale et policlinique (médicale) . . . . 14,420 —
9. Clinique chirurgicale et policlinique (chirurgicale) . . . . 13,840 —
10. Institut gynécologique et d'accouchement . . . . 50,180 —
11. Clinique ophthalmiatrique et policlinique (ophthalm.) . . 4,820 —
12. Clinique pour syphilis et maladies de peau . . . . 2,100 —
13. Clinique psychiatrique . . . . 8,700 —
14. Clinique pour les maladies des enfants . . . . 1,350 —
15. Séminaire mathématique . . . . 1,500 —
16. Institut de physique . . . . 9,300 —
17. Institut de chimie . . . . 26,700 —
18. Institut zoologique . . . . 5,700 —
19. Institut minéralogique . . . . 4,800 —
20. Institut de géognosie et de paléontologie . . . . 4,500 —
21. Institut botanique . . . . 11,100 —
22. Institut pharmaceutique . . . . 5,400 —
23. Institut pétrographique . . . . 600 —
24. Observatoire . . . . 9,000 —
25. Séminaire philologique . . . . 4,500 —
26. Séminaire historique (histoire du moyen âge) . . . . 1,200 —
27. Séminaire historique (histoire moderne) . . . . 900 —

A reporter . . . . . . 849,184 mks.

Report.	849,184	mks.
28. Séminaire philosophique.	600	—
29. Institut d'archéologie artistique	2,100	—
30. Institut d'antiquités grecques et romaines.	1,800	—
31. Institut d'épigraphie chrétienne	600	—
32. Institut pour l'histoire de l'art	1,500	—
33. Séminaire de philologie germanique.	1,500	—
34. Séminaire de philologie romane et anglo-saxonne.	1,500	—
35. Séminaire de géographie.	750	—
36. Antiquités égyptiennes	300	—
37. Salle de lecture de l'Université (à la bibliothèque).	3,900	—
38. Société de chant académique.	1,200	—
39. École d'équitation.	1,500	—
40. Fonds disponibles pour dépenses imprévues.	5,000	—

TITRE V. — *Loyer*.

A la ville de Strasbourg, loyer du château où sont installés les principaux services de l'Université et la bibliothèque. . . . . 40 —

TITRE VI. — *Prix*.

Somme allouée comme prix pour les travaux annuels proposés aux étudiants. . . . . 3,300 —

TITRE VII. — *Bourses*.

1. Repas gratuits (*Freitische*) et secours aux étudiants. . . . 9,000 —
2. Dépenses sur les revenus des fondations pour bourses et prix académiques, et sur les fonds de la caisse de secours des malades académiques . . . . 10.428 —

TOTAL DES DÉPENSES. . . . . 894,202 mks.

L'écart considérable entre les recettes (44,062 marks) et les dépenses annuelles (894,202) est comblé par l'allocation annuelle de 400,000 marks votée par le Reichstag, et le budget accordé par la Délégation d'Alsace-Lorraine, qui, à chaque session, se récrie sur le chiffre élevé qu'on lui demande, discute — et finalement vote le chiffre demandé.

V

A l'Université se rattache naturellement et étroitement sa bibliothèque, aussi importante déjà que le sera bientôt l'établissement
dont elle fait partie. Le spectacle de son développement est
instructif : il montre ce que peuvent l'esprit de suite et l'ambition
élevée de rassembler le meilleur dans la littérature de chaque
science, quand ils sont aidés de cette force toute-puissante pour
l'instruction : l'argent.

En 1871, les Allemands avaient un local pour installer la bibliothèque de leur Université, mais pas un volume, pour ainsi dire.
On se rappellera toujours cette nuit désastreuse du 24 au 25 août
1870, pendant laquelle le bombardement et l'incendie détruisirent
une bibliothèque de 350,000 volumes et manuscrits, des trésors,
éditions rares, ou documents uniques, dont la perte est à jamais
irréparable. Au lendemain de l'annexion, M. le D' Barack[1], qui
n'était encore qu'un bibliothécaire *in partibus*, commença avec un
zèle infatigable à reconstituer le dépôt dont il était chargé. Il organisa
une sorte d'agitation scientifique et patriotique à la fois, en adres-
sant un appel à toutes les bibliothèques, à toutes les sociétés
savantes, à toutes les librairies allemandes. De partout on répondit
avec empressement : Strasbourg, avait-on dit, devait être désormais
un terrain de culture allemande ; et ainsi chaque Université, chaque
Académie, chaque centre où le livre se fait ou se débite, tint à honneur de doter la bibliothèque nouvelle, qui devait être pour l'Alsace
et l'Université de Strasbourg un don de joyeux avénement. Les
Universités sœurs envoyèrent les doubles de leur bibliothèque : la
seule Université de Kœnigsberg en donna environ 40,000. Les
sociétés savantes, officielles ou privées, firent cadeau de leurs
publications. Les librairies, depuis les grands éditeurs de Berlin et
de Leipzig jusqu'aux petits établissements des petites villes comme
Görlitz, Iéna, Sigmaringen, offraient tout ce que l'on voulait
prendre. Des réponses arrivaient de plus loin encore, inattendues,
agréables surprises : de Belgique, de Hollande, d'Autriche, de Russie,
d'Italie, de Grèce, de Suisse, d'Amérique. A Londres, un publiciste
connu, M. Hepworth Dixon, se mettait à la tête d'un comité de
propagande pour l'œuvre de reconstitution.

1. Pour le détail, v. la brochure *Die Neugründung der Strassburger
Bibliothek,* etc. Strassburg, C. F. Schmidt, 1871.

Le Foreign-Office fit présent d'une collection de documents diplomatiques ; le ministère des colonies envoya ses œuvres statistiques (*livres bleus* des colonies); de même, le département de l'instruction publique, les diverses sociétés savantes et littéraires, se signalèrent aussi par leurs dons : la Société de géographie, la Société biblique, la Société des anciens textes anglais, la Société des ballades, la Société Chaucer, la Société philosophique de Glascow, l'Institut royal de Grande-Bretagne, ont envoyé des publications importantes ou rares.

Bref, en comptant la bibliothèque de l'ancienne Académie, épargnée par le feu, et forte de 40,000 volumes, plus un fonds de 7,000 volumes, bibliothèque juridique du conseiller von Vangerow, acquise par l'État, la nouvelle bibliothèque avait déjà 120,000 volumes dix mois après son organisation sur le papier.

Aujourd'hui ce nombre a quadruplé. En ce moment, la bibliothèque est divisée en sept sections que nous allons énumérer :

1. Langues orientales [1] et littérature générale . . .	40,000 volumes.
2. Philologie classique et moderne	75,000 —
3. Histoire et géographie	75,000 —
4. Théologie, pédagogie, philosophie.	55,000 —
5. Médecine et histoire naturelle	75,000 —
6. Alsatiques, etc..	30,000 —
7. Jurisprudence et sciences politiques.	65,000 —
TOTAL.	415,000 volumes.

En Allemagne, cette bibliothèque a le *troisième rang*. Elle vient immédiatement après Berlin et Munich; et, si le zèle qui l'a élevée de rien à cette place brillante ne se ralentit pas, elle pourra égaler avant longtemps ses rivales.

Parmi les collections qu'elle possède, il en est une surtout que je veux signaler, car elle est d'un prix inestimable pour les érudits de plus en plus nombreux qui s'occupent du passé de l'Alsace : c'est la collection, autrefois formée par le libraire Heitz, qui comprend à peu près tout ce qui a trait à l'histoire économique, politique, administrative, artistique, religieuse et scientifique de l'Alsace. Après de longs pourparlers avec la bibliothèque municipale qui ne se décida pas à l'acheter, elle a été vendue à la

1. Pour une partie de cette section un catalogue a été publié. *Euting :* Katalog der Universität-und Landes bibliothèkin Strassburg, *Arabische literatur*. Strassburg, Trübner.

bibliothèque de l'Université au prix relativement modique de 24,000 francs. Dès 1869, M. Heitz désirait s'en défaire et le catalogue dressé à cette époque par M. Rod. Reuss permettait d'en apprécier en détail toute l'importance. On peut regretter que notre Bibliothèque nationale n'en ait pas fait l'acquisition. La collection Heitz compte 27,503 pièces imprimées ou manuscrites. Plus de la moitié se compose d'ouvrages d'histoire générale et surtout locale, de chronologie, de généalogie, etc. 2,000 numéros se rapportent tout spécialement à l'histoire d'Alsace. Outre les classiques de cette histoire, Grandidier, Laguille, Schœpflin, etc. M. Heitz avait rassemblé une série de mémoires manuscrits des intendants de la province. La Réforme, la Guerre des Paysans, les démêlés entre la bourgeoisie et les évêques, la guerre de Trente ans sont les époques sur lesquelles la collection donne le plus de renseignements. M. Rod. Reuss a récemment édité le manuscrit de la collection le plus intéressant pour l'histoire de la réunion de Strasbourg à la France : *Une relation sur les causes de la capitulation de* 1681, écrite par un contemporain, l'ammeister Reisseissen. M. Heitz lui-même avait autrefois puisé dans sa propre collection la matière de ses trois ouvrages sur la période révolutionnaire en Alsace [1]. Il reste encore de nombreuses pièces inédites provenant surtout des archives de l'ancien Hôtel-de-Ville saccagées et dispersées par le peuple en 1789. — La collection contient enfin nombre de journaux, brochures de circonstance et proclamations.

Les autres sections comprennent : 1° L'histoire spéciale des diverses localités d'Alsace, des châteaux, églises, couvents; 2° l'archéologie, les légendes, les coutumes; 3° les documents concernant les corporations d'arts et métiers; 4° la géographie, la géologie, la flore d'Alsace; 5° la littérature, le droit, la théologie; 6° 4,000 gravures, cartes et plans, dont 180 planches relatives à la cathédrale de Strasbourg. La collection Heitz suffirait à la renommée de la Bibliothèque de l'Université.

De 1872 à 1878, la Délégation d'Alsace-Lorraine a voté pour la bibliothèque des crédits qui s'élevaient parfois à plus de 150,000 marks, et dont l'ensemble se monte à 1,500,000 *francs* environ. Le dernier budget que nous avons pu nous procurer, celui de 1878, porte une dépense totale de 96,400 marks dont voici la répartition :

1. Euloge Schneider — Les sociétés politiques de Strasbourg (1790-95) — La contre révolution en Alsace (1789-93).

APPOINTEMENTS.

1 bibliothécaire en chef	7,500 mks.
6 bibliothécaires et custodes, avec appointements de 2,400 jus-qu'à 4,200 mks	25,200 —
2 secrétaires.	7,500 —
1 préposé au greffe, ...	2,250 —
3 domestiques et 1 concierge	6,300 —
Appointements supplémentaires pour le questeur de l'Uni-versité comme comptable de la caisse de la bibliothèque. .	600 —
Gratifications pour service extraordinaire à la bibliothèque ou à la caisse; — secours aux employés et aides de la bi-bliothèque.	300 —

DÉPENSES POUR LES LIVRES.

Achat de livres et reliure	36,000 —

DÉPENSES MATÉRIELLES ET DIVERSES.

Fournitures de bureau, chauffage et éclairage, frais de trans-port, etc.	5,000 —
Matériel et frais d'entretien.	2,000 —
Entretien et location du bâtiment; impôts	3,000 —
Frais de voyage; indemnités de déplacement pour les em-ployés; assurance de la bibliothèque; dépenses imprévues.	750 —
	96,400 mks.

Ajoutons un dernier renseignement : à la Bibliothèque, une salle spéciale est affectée aux périodiques. Le commissaire du Gouvernement près la Délégation d'Alsace-Lorraine, M. de Sybel, évaluait naguère le nombre de ces périodiques à *cinq cents* environ! La Bibliothèque prête, en moyenne, 200 volumes par jour, et — notons bien cette très louable innovation — expédie sans aucune difficulté à l'étranger les livres dont on lui fait la demande, pourvu qu'on offre en même temps caution. C'est une véritable bonne fortune pour les savants qui ne peuvent aller au-devant des livres, quand les livres viennent à eux, — et l'exemple de la bibliothèque de Strasbourg mérite d'être très applaudi et très recommandé.

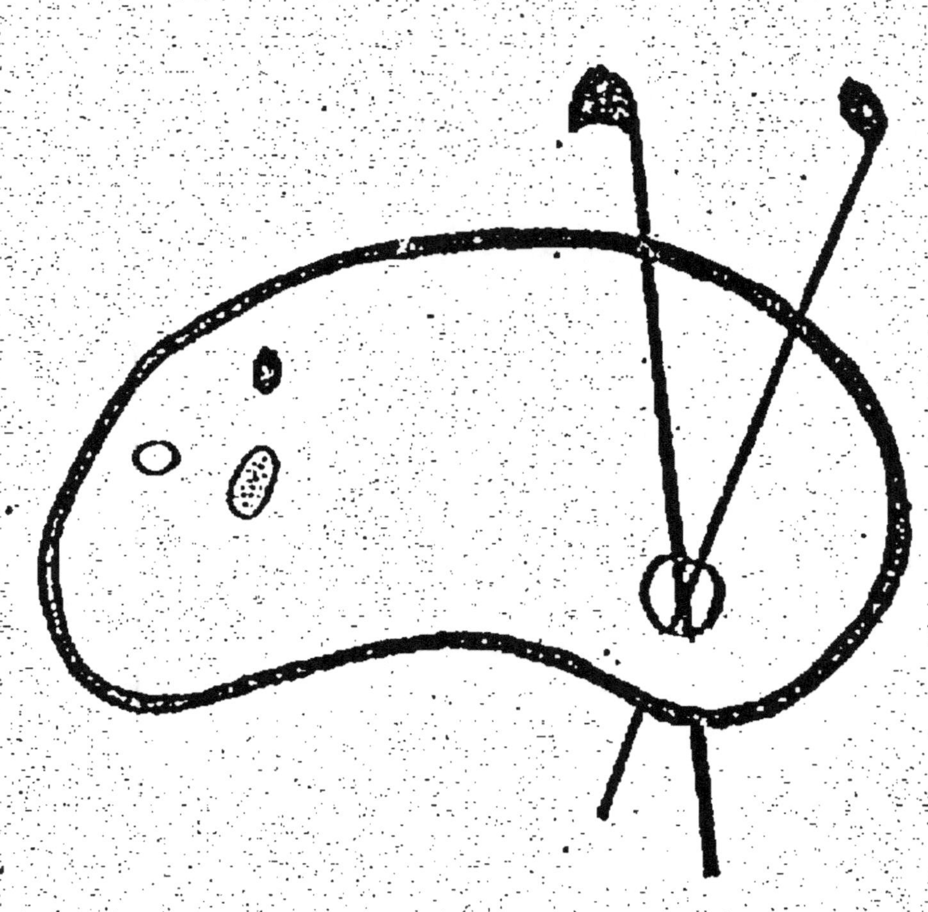